Devenir Personal Shopper : Guide pour se lancer

Sommaire

Chapitre 1 - Introduction au métier de Personal Shopper.

Définition et rôle d'un Personal Shopper — 9

Histoire et évolution du métier — 11

Les qualités et compétences nécessaires — 14

Différences entre styliste et Personal Shopper — 16

Chapitre 2 - Formation et qualifications.

Études et formations disponibles — 21

Certifications et accréditations — 24

Auto-formation et ressources en ligne — 27

Ateliers et stages pratiques — 30

Chapitre 3 - Comprendre votre clientèle.

Analyse des besoins des clients — 35

Gestion des attentes et des préférences — 37

Diversité des clients et personnalisation des services — 40

Confidentialité et éthique professionnelle — 43

Chapitre 4 - Construire votre marque personnelle.

Importance de l'image de marque — 47

Créer un portfolio attrayant — 49

Marketing digital et réseaux sociaux — 52

Networking et collaborations — 55

Chapitre 5 - Outils et techniques de Personal Shopping.

Utilisation des technologies modernes — 61

Techniques de shopping efficaces — 63

Négociation et gestion des fournisseurs — 66

Organisation et planification des sessions de shopping — 69

Chapitre 6 - Styles et tendances actuelles.

Suivi des tendances de mode — 75

Comprendre les saisons et leurs impacts sur le shopping — 78

Adapter les styles aux clients — 80

Prévoir les futures tendances — 83

Chapitre 7 - Gestion des affaires.

Création et gestion d'une entreprise de Personal Shopping — 89

Aspects financiers du métier — 91

Stratégies de croissance et d'expansion — 95

Gestion de la concurrence et différenciation — 97

Chapitre 8 - Défis et solutions.

Gérer les situations difficiles avec les clients — 103

Adapter les services en période de crise — 105

Trouver des solutions créatives aux problèmes courants — 108

Maintenir la motivation et le dynamisme professionnel — 111

Chapitre 9 - Cas d'étude et témoignages.

Succès stories de Personal Shoppers — 117

Études de cas de difficultés surmontées — 119

Conseils d'experts et leçons apprises — 122

Impact du métier sur la vie personnelle — 124

Chapitre 10 - Planification de carrière et développement futur.

Évaluer et planifier sa carrière à long terme — 129

Continuer l'éducation et le développement professionnel — 132

Opportunités de diversification des services — 135

Perspectives globales et internationalisation du métier — 137

Chapitre 1
Introduction au métier de Personal Shopper.

Définition et rôle d'un Personal Shopper

Le Personal Shopper est un concept qui a vu le jour à New York dans les années 1980 et qui de nos jours, se démocratise et se propage dans le monde entier. Occupant un espace à mi-chemin entre styliste et conseiller, le Personal Shopper est un professionnel dont le rôle consiste à assister les clients dans leur shopping pour les aider à construire leur style personnel.

Contrairement à ce que l'on pourrait penser à première vue, le rôle du Personal Shopper ne se limite pas seulement à faire les courses pour ses clients. Bien au-delà de cette simple logistique, le Personal Shopper est en réalité un véritable professionnel de la mode. Ils comprennent les dernières tendances, peuvent déchiffrer ce qui mettra le mieux leurs clients en valeur, et veillent toujours à prendre en compte le style personnel de chaque client, ainsi que leur contexte et leur environnement de vie.

Le Personal Shopper doit ainsi développer une sensibilité aiguë pour cerner précisément les attentes et les besoins de ses clients. Cette appréciation est capitale car elle implique non seulement de comprendre la personnalité de chaque client, mais également de prendre en compte des critères tels que leur morphologie, leurs goûts, ou encore leur mode de vie. Un client qui travaille dans un cadre formel n'aura par exemple pas les mêmes besoins en termes de garde-robe qu'un client qui travaille dans un environnement plus décontracté.

En outre, l'aspect relationnel est également primordial dans ce métier. La confiance est la clé de toute relation réussie entre un client et un Personal Shopper. Les clients confient en effet à ce dernier des aspects très personnels de leur vie, tels que leur apparence ou leur image. Établir et maintenir une bonne relation avec le client est donc indispensable pour comprendre ses goûts et besoins, et pour pouvoir le conseiller de la meilleure façon possible.

Enfin, le métier de Personal Shopper requiert une certaine polyvalence car il ne s'agit pas seulement de sélectionner des vêtements ou des accessoires pour ses clients. Le cadre de travail de ce professionnel s'étend également au choix de bijoux, de coiffures, de maquillages, et même à la décoration intérieure. En somme, le Personal Shopper œuvre à créer une harmonie entre tous les éléments qui constituent l'image de la personne.

En conclusion, être un Personal Shopper est un rôle exigeant qui requiert une connaissance approfondie de la mode, un sens aigu de l'esthétisme, des compétences en relations humaines, ainsi que le désir profond d'aider les autres à se sentir bien dans leur peau. Mais c'est également un métier passionnant qui offre la possibilité de travailler dans un environnement dynamique et toujours en évolution.

Histoire et évolution du métier

L'histoire du personal shopper est une épopée fascinante qui dévoile l'évolution de nos modes de consommation et de notre rapport à la mode et au style. C'est d'ailleurs en remontant aux XVIIIème et XIXème siècles, en Europe occidentale, que l'on découvre les premières traces de ce métier. À cette époque, la bourgeoisie émergente commençait à se distinguer par sa penderie. Les femmes de la haute société se devaient d'être au fait des dernières tendances et pour cela, elles faisaient appel à des couturières qui leur confectionnaient des tenues sur-mesure. Les hommes de pouvoir et de noblesse nécessitaient aussi l'expertise de quelqu'un pour les aider à se vêtir de manière appropriée.

Au fur et à mesure que le temps passait, la mode, longtemps réservée à l'aristocratie, commença à infuser les classes sociales plus larges pendant l'ère industrielle. L'apparition des grands magasins à la fin du XIXème siècle a créé un besoin pour les services d'un 'personal shopper', une personne dédiée à naviguer entre les rayons interminables de ces nouveaux temples du commerce. Ce fut une transition naturelle de l'ère victorienne, où une femme bien née n'était jamais supposée faire ses propres courses.

À l'ère moderne, la profession de personal shopper est en plein essor. Tandis que la mode se démocratise et que les choix semblent infinis, la nécessité d'un expert pour aider à naviguer dans l'univers complexe de la mode n'a jamais été aussi forte. Les personal shoppers sont devenus des conseillers de mode, des stylistes et des gourous de l'image, offrant plus qu'un simple service d'achat. Ils proposent une évaluation complète du style de leurs clients, de leurs besoins et aspirations à leur budget, afin de construire un look qui leur correspond.

De plus, avec l'essor du commerce électronique, le métier de personal shopper a encore évolué, pour embrasser cet environnement digital. Aujourd'hui, les personal shoppers peuvent offrir leurs services à distance, grâce à la technologie numérique, concevant des looks en ligne pour des clients à travers le monde, et élargissant la portée du métier. Il convient de noter que, malgré le façonnement moderne du rôle, le noyau du métier reste le même : fournir un service personnalisé qui aide les clients à se sentir confiants et à leur meilleur.

L'évolution du métier de personal shopper est plus qu'une histoire de mode et de commerce, c'est un récit qui reflète notre évolution sociale et culturelle. Qu'il s'agisse d'aider la noblesse à se distinguer ou d'aider le citoyen moderne à naviguer dans les fastidieuses tâches de shopping, le rôle du personal shopper est devenu essentiel dans notre société actuelle. En somme, devenir un personal shopper, c'est plonger dans l'histoire, imbibé d'une richesse culturelle et sociale unique pour servir les clients de la meilleure manière possible. C'est un art qui n'a cessé d'évoluer pour s'adapter aux besoins changeants de la société.

Les qualités et compétences nécessaires

Découvrir le monde de la mode tout en apportant une contribution significative à la vie des autres est une des caractéristiques qui distingue le métier de Personal Shopper. Avant de vous lancer sur cette voie passionnante, il convient de comprendre toutes les qualités et compétences nécessaires que ce métier exige de vous.

Pour commencer, il est important d'avoir un sens aigu de la mode et des tendances. Ce n'est pas simplement une question de savoir ce qui est à la mode, mais aussi une compréhension profonde de ce qui convient à différents types de corps, de personnalités et d'occasions. Un Personal Shopper ne peut pas se contenter de suivre les tendances aveuglément, mais doit être capable d'évaluer la convenance d'une tenue pour un client particulier en fonction de sa morphologie, de sa personnalité et de l'événement pour lequel il se prépare.

Cela dit, l'un des attributs clés de tout Personal Shopper qui réussit est l'excellence de ses compétences en communication. Vous devez être capable d'écouter attentivement vos clients, de comprendre leurs préférences et de traduire cela en choix vestimentaires précis. Aucune tendance ne peut remplacer le confort personnel et la confiance qu'un client ressent lorsqu'il porte une tenue avec laquelle il se sent vraiment bien. De telles compétences en communication comprennent également la capacité de négocier avec les vendeurs et les magasins afin d'obtenir les meilleures offres pour vos clients.

Mettre de côté vos propres préférences et désirs pour se focaliser sur ceux du client est également une autre qualité essentielle pour un Personal Shopper. Vous devez faire preuve d'empathie envers les clients, être capable de vous mettre à leur place et de comprendre profondément ce qu'ils recherchent. C'est une question de leur fournir non seulement ce dont ils ont besoin, mais aussi ce qu'ils désirent vraiment.

Parallèlement à ces qualités, un Personal Shopper doit également avoir une gestion impeccable du temps et de l'organisation. Avec de multiples clients ayant des besoins différents, vous serez souvent amené à jongler entre plusieurs tâches à la fois. Avoir un bon sens de l'organisation permet de gérer efficacement votre temps et de satisfaire tous vos clients sans vous sentir débordé.

Par-dessus tout, une passion authentique pour aider autrui est l'essence même du métier de Personal Shopper. Au-delà de toutes les compétences et connaissances techniques que vous pourriez acquérir, c'est cette passion qui vous poussera à toujours faire de votre mieux pour satisfaire vos clients.

Lorsque vous combinez toutes ces qualités et compétences, vous vous retrouvez avec un panorama complet de ce qu'il faut pour exceller en tant que Personal Shopper. Ce n'est pas une tâche facile et cela demande du dévouement, de la patience et du travail acharné. Cela dit, la récompense de voir vos clients heureux et satisfaits est d'autant plus gratifiante.

Différences entre styliste et Personal Shopper

En approchant le domaine glamour et compétitif de la mode, beaucoup confondent les rôles de styliste et de Personal Shopper. Bien que ces deux professions soient étroitement liées à l'industrie de la mode, elles sont distinctes dans leurs responsabilités et leurs objectifs.

Un styliste est un professionnel qui se concentre sur la création d'un look visuel pour un individu ou pour représenter une marque. Cela implique de travailler avec des photographes, des modèles, des maquilleurs et des directeurs artistiques pour créer un ensemble complet qui se rapporte à une esthétique spécifique. Un styliste cherche à susciter une émotion, à raconter une histoire ou à construire une image, en collaborant souvent sur des projets de grande envergure comme des campagnes publicitaires, des éditoriaux de mode ou des défilés.

D'autre part, un Personal Shopper, qui peut également être appelé conseiller en image, vise à aider les individus à développer leur propre style et à gagner en confiance en ce qui concerne leur apparence. Ce rôle est plus personnel, car il s'agit de comprendre les besoins, les préférences et le budget du client, puis d'utiliser ces informations pour dénicher les pièces parfaites qui reflètent et améliorent le style personnel du client. Un Personal Shopper doit être à l'affût des dernières tendances, mais également comprendre les classiques intemporels pour pouvoir conseiller un client sur la façon de bâtir une garde-robe polyvalente et adaptée.

Il est important de noter qu'un styliste et un Personal Shopper ont chacun un œil pour la mode et une compréhension de comment les pièces peuvent être associées pour créer un look. Cependant, un styliste utilise ces compétences pour représenter une marque ou une image, tandis qu'un Personal Shopper les utilise pour aider un individu à se sentir plus confiant et à l'aise dans ses vêtements.

Alors que le styliste travaille généralement dans l'ombre, comme une force créative qui travaille à transmettre un message ou une histoire à travers une photographie ou un défilé de mode, le Personal Shopper, quant à lui, travaille plus directement avec les clients. Leur satisfaction dépend de l'écoute, de la compréhension et de la satisfaction de chaque client de manière individuelle.

Dans l'ensemble, bien que ces deux rôles puisent dans une passion pour la mode, ils le font de manières très différentes. Un styliste est plus concentré sur la création d'un conte visuel tandis qu'un Personal Shopper est centré sur le client, travaillant pour aider les individus à trouver leur propre style et à se sentir bien dans leur peau.

C'est en comprenant cette distinction clé que le lecteur peut solidifier sa décision de se lancer dans la carrière exaltante et gratifiante de Personal Shopper.

Chapitre 2
Formation et qualifications.

Études et formations disponibles

Suivre une fructueuse carrière dans le personal shopping implique une série de formations spécialisées. Ce n'est pas simplement une question de style personnel et de goût, mais davantage une question de compréhension de la mode et des tendances actuelles, des préférences de votre clientèle et, enfin, de l'art de la communication et du marketing. Au gré des lignes de ce chapitre, vous découvrirez les différentes voies des études et formations nécessaires pour devenir un personal shopper compétent et recherché.

Idéalement, une carrière dans le personal shopping commence par une formation académique basée sur le commerce, la mode et le design. Pour choisir judicieusement les vêtements et les accessoires qui valorisent vos clients, vous devrez vous familiariser avec les bases du design et de la mode. Un diplôme ou un cursus en stylisme et modélisme pourrait être un excellent point de départ, offrant un aperçu indispensable de l'industrie de la mode. En outre, un bagage en marketing et en commerce pourrait grandement faciliter l'acquisition des compétences essentielles pour comprendre les besoins et les souhaits de vos clients.

Au-delà des formations universitaires traditionnelles, de nombreuses écoles privées proposent des cours spécifiquement dédiés à la formation des personal shoppers. Ces programmes intensifs sont généralement structurés en modules thématiques qui couvrent largement le champ des connaissances requises. Cela inclut souvent l'étude des tendances de la mode, la coordination des couleurs, le choix des formes appropriées pour différents types de corps, mais aussi les techniques de communication efficaces, la dynamique du marché de la mode et les principes du merchandising visuel.

Par ailleurs, l'engouement croissant pour cette profession a conduit à l'émergence de plusieurs cours en ligne et programmes de certification. Non seulement ils offrent une plus grande flexibilité, ce qui peut être un avantage déterminant pour ceux qui jonglent déjà entre emploi du temps chargé et autres engagements, mais ils permettent également d'obtenir une reconnaissance professionnelle dans le domaine. Ces formations peuvent être complétées par de l'expérience pratique acquise par le biais de stages dans des établissements de mode ou par le travail dans des magasins de vêtements.

L'expérience pratique est également une formation en soi. En travaillant aux côtés de designers de mode, de mannequins ou dans des boutiques haut de gamme, vous pouvez acquérir une compréhension approfondie de l'industrie de la mode. Il ne faut pas négliger l'acquisition d'une bonne connaissance des tissus, des qualités de confection, des designers et des marques.

Enfin, un bon personal shopper est également connu pour sa capacité à créer et à maintenir des relations solides avec ses clients. Une formation en psychologie ou en communication interpersonnelle peut être très utile pour être en mesure de cerner les besoins et les désirs des clients et pour établir des rapports de confiance durables.

La formation pour devenir personal shopper est donc multidisciplinaire, combinant théorie et pratique. Elle nécessite une bonne compréhension des tendances de la mode, des compétences en communication et un véritable désir d'aider les clients à exprimer leur personnalité à travers leur style vestimentaire. Toutefois, chaque parcours est unique et il n'y a pas de trajectoire fixe pour y parvenir.

Certifications et accréditations

Profession relativement récente, le métier de personal shopper est caractérisé par l'absence d'une trajectoire professionnelle universellement acceptée. Cependant, il est possible d'acquérir une certaine légitimité à travers plusieurs formations et accréditations qui vous donneront les outils nécessaires pour exceller dans ce domaine.

En premier lieu, il est important de noter que le métier de personal shopper ne nécessite pas de certification formelle pour exercer. Néanmoins, de nombreuses personnes trouvent que l'obtention d'une certification ou d'une accréditation peut aider à établir leur crédibilité auprès des clients potentiels. Les certifications sont généralement proposées par des organisations professionnelles ou des écoles de mode, et elles ont pour but de prouver que le détenteur possède un certain niveau de connaissances et de compétences dans le domaine du shopping personnel.

Ces formations professionnalisantes couvrent généralement un large éventail de compétences, y compris les techniques de shopping, les tendances de la mode, la sélection des couleurs, le marketing personnel et les compétences relationnelles. Elles peuvent également comprendre des sections sur le développement des affaires et la fidélisation de la clientèle. La plupart de ces cours sont offerts en ligne, ce qui permet aux étudiants de travailler à leur propre rythme et selon leur propre emploi du temps.

L'obtention de ces certifications permet au personal shopper non seulement d'améliorer ses compétences, mais également de bénéficier d'un réseau de contacts dans le milieu, indispensable pour se faire un nom dans ce domaine. Par ailleurs, elles représentent un signe de professionnalisme et de sérieux aux yeux des clients, renforçant ainsi leur confiance.

Bien que l'obtention d'une certification ou d'une accréditation soit une étape importante dans le développement de votre carrière en tant que personal shopper, il est également crucial de bénéficier d'une expérience pratique en matière de shopping et de mode. L'expérience acquise en travaillant dans le secteur de la vente au détail, par exemple, peut être extrêmement bénéfique. Cela fournit une compréhension profonde des tendances actuelles de la mode, de la gestion des stocks et de la relation client.

En outre, une vaste connaissance de l'industrie de la mode et du commerce de détail est essentielle. Cela signifie rester à jour sur les tendances actuelles, les designers, les marques de vêtements, ainsi que les nuances des styles vestimentaires. C'est une partie intégrante de la préparation d'un personal shopper et cela peut être acquis par le biais de lectures professionnelles, d'événements de l'industrie, ou encore de l'observation de la mode dans la vie quotidienne.

En conclusion, bien que l'obtention d'une certification ou d'une accréditation puisse aider à faire progresser votre carrière en tant que personal shopper, c'est l'équilibre entre une formation formelle et une expérience pratique qui vous permettra de véritablement exceller dans ce domaine. L'apprentissage continu et l'adaptabilité aux changements de l'industrie sont également des facteurs clés pour se démarquer en tant que personal shopper.

Chaque étape sur le chemin, que ce soit l'éducation, l'expérience, ou la recherche de clients, est une opportunité d'apprendre et de croître. Avec cela, il est possible de devenir non seulement un personal shopper réussi, mais une source d'inspiration pour ceux qui cherchent à se lancer dans ce domaine passionnant.

Auto-formation et ressources en ligne

Débuter comme personal shopper ne nécessite pas nécessairement un diplôme en poche, bien que certains cours ou formations peuvent être un atout précieux pour approfondir vos compétences et élargir votre expertise dans le domaine. Toutefois, avant de considérer ces formations, l'auto-formation est une étape fondamentale. Le merveilleux monde du web offre une myriade de ressources pour se former et étoffer ses connaissances en matière de mode et de style.

L'auto-formation nécessite avant tout une bonne dose de curiosité et de passion pour le secteur de la mode. Par conséquent, vous devez commencer par apprendre par vous-même. Consacrez du temps à la lecture de blogs de mode, suivez des influenceurs de style sur les réseaux sociaux et observez les tendances qui émergent dans la mode et le design. Les magazines de mode, les défilés de mode en ligne et même les émissions de télévision sur le style peuvent fournir une richesse d'informations sur les tendances actuelles et à venir. De plus, l'histoire de la mode est un autre sujet fascinant à explorer, vous offrant une perspective plus large sur l'évolution du style au fil des décennies.

En outre, la pratique personnelle est une autre forme d'auto-formation. Expérimentez-vous-même avec les vêtements, explorez différents styles, créez des looks uniques et observez comment différentes combinaisons peuvent complimenter différentes morphologies. Comprenez quels types de vêtements conviennent à quels types de corps. Cela vous aidera plus tard lorsque vous travaillerez avec des clients de différentes formes et tailles.

Dans un troisième temps, l'Internet fournit des cours en ligne gratuits et payants qui peuvent renforcer vos connaissances sur la mode et le style. Des plateformes comme Coursera, Skillshare ou Udemy proposent différents cours liés à la mode, au personal shopping et au stylisme. De nombreux experts de l'industrie partagent leurs connaissances sur ces plateformes pour aider les aspirants personal shoppers à se lancer. Les sujets abordés dans ces cours varient, allant de la compréhension des tendances de la mode à la gestion d'une entreprise de personal shopping.

Finalement, pour aller plus loin dans votre démarche d'autoformation, l'adhésion à des associations professionnelles de personal shopping peut faire une différence. Ces associations regroupent souvent des ressources de formation, des occasions de réseautage et des opportunités de mentorat qui peuvent vous aider à apprendre et à vous développer en tant que personal shopper. Les événements de l'industrie, les conférences et les sommets peuvent également fournir des occasions de rencontrer des professionnels chevronnés et d'apprendre de leurs expériences.

En conclusion, l'auto-formation et l'utilisation des ressources en ligne sont essentielles pour embrasser la carrière de personal shopper. Par cette méthodologie d'apprentissage, non seulement vous acquerrez des connaissances précieuses sur le secteur de la mode, mais vous développerez aussi vos propres goûts et votre jugement, éléments clés pour devenir un personal shopper réussi.

Ateliers et stages pratiques

Ateliers et stages pratiques jouent un rôle clé dans la formation de tout personal shopper ambitieux, car cela donne non seulement un avant-goût du monde sur le terrain, mais contribue également au développement de compétences indispensables. Il est essentiel de comprendre que le fait de devenir un personal shopper n'est pas une affaire de nuit. C'est un métier qui nécessite une persévérance et un apprentissage continus où les stages pratiques et les ateliers ont beaucoup à offrir.

Le vent des ateliers pratiques souffle avec une ferveur particulière dans le domaine du personal shopping. C'est en partie dû à l'accent mis sur les compétences pratiques. Les ateliers offrent l'opportunité d'apprendre les techniques variées de stylisme, de budgétisation, de communication, d'agencement des couleurs et de sélection des modèles, afin de répondre aux désirs et aux besoins de chaque client. Ces ateliers conduisent les participants à travers l'art délicat de choisir le bon article pour le bon client tout en respectant les contraintes de temps et de budget, une compétence qui est la pierre angulaire du métier de personal shopper.

De même, la participation à des stages pratiques est également une véritable mine d'or pour acquérir de l'expérience dans ce domaine. Les aspirants personal shoppers vivent en situation réelle ; ils travaillent directement avec des clients, interagissent avec des vendeurs et des fournisseurs, naviguent dans les magasins et découvrent de nouvelles marques et tendances. Les stages offrent une plateforme pour appliquer les connaissances théoriques acquises et se confronter à la réalité dynamique du monde du shopping. Les participants apprennent à conseiller les clients en fonction de leur personnalité, de leur goût et de leur style, ainsi qu'à gérer des situations imprévues et à résoudre des problèmes.

La pratique régulière, du fait des ateliers et des

stages, contribue à affiner les choix et les compétences en matière de service à la clientèle. C'est lors de ces expériences que l'on apprend à s'adapter rapidement aux changements de tendances et à naviguer dans les eaux parfois tumultueuses de la gestion des personnalités des clients. Il faut apprendre à respecter leur individualité et à proposer des solutions adaptées à leur style vestimentaire, tout en les faisant se sentir à l'aise et confiants.

En somme, ateliers et stages pratiques sont des investissements judicieux dans la poursuite d'une carrière en tant que personal shopper. Ils injectent une dose de réalité pratique dans l'océan théorique de la formation et servent de tremplin pour le monde réel du personal shopping. Plus encore, ils ouvrent la voie à d'éventuelles opportunités d'emploi, offrent des réseaux d'industrie et renforcent la confiance en soi. À la fin de la route, chaque expérience apporte une contribution précieuse à la richesse de la mosaïque de compétences nécessaires pour devenir un personal shopper à succès.

Chapitre 3
Comprendre votre clientèle.

Analyse des besoins des clients

Le chapitre "Analyse des besoins des clients" de votre livre Devenir Personal Shopper : Guide pour se lancer commence par souligner que la compréhension de votre clientèle est une pierre angulaire de votre réussite en tant que personal shopper. Il est indispensable de comprendre leurs besoins, leurs désirs, et leurs motivations d'achat. Cela nécessite une capacité d'écoute active, d'observation, et une certaine intuition.

Il est important de se rappeler que chaque client est unique. L'écoute active permet de comprendre non seulement ce que le client exprime explicitement, mais aussi ce qui n'est pas dit. Les clients ne savent pas toujours comment exprimer ce dont ils ont besoin ou ce qu'ils désirent; en tant que personal shopper, c'est à vous de traduire leurs indications et leurs préoccupations en choix de vêtements et d'accessoires.

Les motivations d'achat sont un autre élément crucial à comprendre. Certains clients recherchent un look pour une occasion spécifique, comme un mariage ou une réunion professionnelle. D'autres peuvent vouloir rafraîchir leur garde-robe ou chercher à se créer une nouvelle image. Comprendre ces motivations vous aidera non seulement à choisir les articles appropriés, mais aussi à proposer une expérience d'achat mémorable qui répond à leurs attentes spécifiques.

Une fois que vous avez compris les besoins individuels de vos clients, il est essentiel de rester à jour sur les tendances actuelles de la mode. Cela vous donnera une longueur d'avance et vous permettra de proposer des styles pertinents à vos clients. Cependant, ne vous laissez pas aveugler par les tendances ; l'essentiel est de trouver des pièces qui correspondent à la personnalité et au style de vie du client.

N'oubliez pas non plus que le travail de personal shopper n'est pas seulement de fournir des vêtements et des accessoires – c'est tout autant une question de confiance et de relation. Vous devez gagner la confiance de vos clients en leur montrant que vous comprenez leurs besoins et leurs préférences et en leur proposant des choix qui les mettent en valeur.

Enfin, il faut se rappeler que l'analyse des besoins des clients est un processus continu. Les goûts et les préférences peuvent évoluer, tout comme les tendances de la mode. Pour être efficace, un personal shopper doit s'adapter et se tenir constamment au courant de ces changements, afin de répondre au mieux aux besoins de ses clients.

En somme, l'analyse des besoins des clients revient à comprendre leurs désirs et leurs motivations, à rester à jour sur les tendances de la mode, à construire une relation de confiance, et à s'adapter aux évolutions dans le temps. En maîtrisant ces aspects, vous augmenterez votre compétence et votre succès en tant que personal shopper.

Gestion des attentes et des préférences

Comprendre votre clientèle est sans doute le maillon le plus important de votre chaîne de compétences en tant que personal shopper. La gestion des attentes et des préférences de vos clients requiert une connaissance approfondie et une sensibilité accrue à leurs besoins. Il s'agit de mettre en avant votre empathie, votre perspicacité et votre adaptabilité.

La première étape pour bien gérer les attentes et les préférences de vos clients est de les identifier. Cela nécessite une communication ouverte, transparente et sans jugement. Dans un monde où les choix de mode sont souvent jugés et critiqués, il est crucial que vos clients se sentent en sécurité pour partager avec vous leurs goûts et leur style personnel. Lorsque vous faites cela, vous devez vous rappeler que chaque client est unique. Ne supposez pas qu'une préférence de l'un est applicable à l'autre. De plus, tenir compte de leur budget est une considération critique. Les attentes des clients doivent être calibrées en fonction de ce qu'ils sont prêts et capables de dépenser.

Ensuite, il y a la question d'aligner les préférences des clients avec leur style de vie. Par exemple, si l'un de vos clients travaille dans un environnement de bureau respectueux, avoir une garde-robe dominée par des tenues de soirée extravagantes ne serait pas pratique. Il serait préférable d'équilibrer les styles adaptés à un environnement de travail formel et occasionnel, tout en ajoutant quelques pièces de soirée pour les sorties après le travail.

Il est également essentiel d'apprendre à gérer les écarts entre les attentes des clients et la réalité. Parfois, les clients peuvent avoir des demandes irréalistes ou des attentes en désaccord avec leur budget ou leur morphologie. Dans de telles situations, votre rôle en tant que personal shopper n'est pas seulement de trouver les vêtements appropriés, mais aussi de guider et d'éduquer vos clients vers des choix plus réalistes et flatteurs.

Néanmoins, malgré l'écart entre les attentes et la réalité, il est important de ne jamais compromettre la confiance que vos clients ont en vous. Même si vous devez être honnête et réaliste, il est essentiel d'être tactique et délicat dans la manière de le faire. L'idée n'est pas de rabaisser leurs choix, mais de les aider à comprendre ce qui leur irait mieux.

Enfin, la gestion des attentes et des préférences ne se termine pas après le service initial. Un bon personal shopper reconnaît que les goûts et les préférences des clients évoluent avec le temps. Il serait bon de faire des suivis réguliers, d'analyser subtilement les changements de préférences de vos clients et de les aider à affiner leur style en conséquence.

En définitive, le succès en tant que personal shopper réside en grande partie dans la capacité à comprendre et à gérer efficacement les attentes et les préférences des clients. Cela nécessite une grande capacité d'empathie, une communication efficace et un véritable intérêt pour le style personnel de chaque client. En cultivant ces compétences, vous serez non seulement en mesure de fournir un service excellent et personnalisé, mais aussi de renforcer la fidélité de vos clients à long terme.

Diversité des clients et personnalisation des services

Professionnellement parlant, la diversité de vos clients est le ciment qui construit la personnalisation de votre service en tant que Personal Shopper. En effet, il est essentiel de comprendre que le statut de Personal Shopper n'est pas une fonction monolithique et uniforme. Elle est au contraire hautement variée, se calquant sur le large éventail des besoins, des désirs et des attentes des personnes qu'elle sert. Vous découvrirez que certains clients seront à la recherche d'un réinventeur de style, tandis que d'autres chercheront un professionnel capable de les accompagner dans une nouvelle vie, une nouvelle image, une nouvelle identité. C'est dans cette idée d'une clientèle aux multiples facettes que le Personal Shopper doit décloisonner son service pour pouvoir l'adapter à chaque client.

Chaque individu est unique, tout comme chaque client. Leurs choix vestimentaires et leur style de vie sont influencés par leur culture, leur personnalité et leurs expériences passées. C'est ici que la personnalisation des services entre en jeu. En tant que Personal Shopper, votre but premier est de façonner une expérience unique et authentique qui reflète les désirs de votre client. Pour réussir cet objectif, vous devrez développer une compréhension approfondie et authentique de chaque client. Cela implique une analyse minutieuse de leurs goûts, de leurs habitudes de vie et de consommation, de leurs motivations et de leurs attentes.

Il est pratiquement inévitable de stéréotyper les clients dans une certaine mesure, mais il est essentiel de se rappeler que chaque client, bien qu'appartenant à un certain groupe, demeure toujours une individualité avec ses propres motivations et aspirations. Les stéréotypes peuvent être utiles pour formuler des hypothèses initiales, mais ces suppositions devront être vérifiées et affinées par des interactions directes et personnelles avec le client. Le but est de vous familiariser suffisamment avec chaque client pour proposer des styles et des articles qui correspondent à son mode de vie, qui reflètent sa personnalité et qui correspondent à ses attentes et ses espoirs.

Le véritable défi du Personal Shopper est d'atteindre une telle compréhension de ses clients que le service qu'il propose se fond dans l'existence de la personne aidée. Le Personal Shopper a eu une influence telle qu'elle est devenue une partie intégrante de la vie du client.

En somme, pour se lancer en tant que Personal Shopper, il faudra s'armer de patience, de tact, de diplomatie et de beaucoup d'écoute. Vous devez être capable de comprendre et d'accueillir la diversité de votre prochaine clientèle, et personnaliser votre service pour qu'il colle parfaitement au vécu singulier de chacun de vos clients. Au-delà de la diversité de vos clients, c'est l'inclusion de leur singularité dans votre service qui vous distinguera en tant que véritable Personal Shopper. Il n'y a pas d'approche unique ou de solution universelle à appliquer pour tous les clients. Chaque client est un mystère à déchiffrer, un défi à relever, et une opportunité d'apprendre, de grandir et de vous améliorer en tant que Personal Shopper. Avec cette perspective, vous êtes prêt à vous lancer dans ce métier passionnant et enrichissant.

Confidentialité et éthique professionnelle

Dans le domaine du personal shopping, la confidentialité et l'éthique professionnelle sont de la plus haute importance, agissant comme une base solide sur laquelle la relation entre le personal shopper et le client se construit.

La confidentialité est un aspect fondamental de ce métier. Quand un client confie ses besoins, ses goûts et ses préférences à un personal shopper, il partage des informations extrêmement personnelles. Il se peut que vous en appreniez plus sur leur vie privée, sur leurs mesures corporelles ou encore sur leur situation financière. Toutes ces informations doivent être gardées strictement confidentielles. Le client doit pouvoir faire confiance au personal shopper et être sûr que ses informations personnelles ne seront pas divulguées.

Dans la même veine, l'éthique professionnelle en tant que personal shopper est primordiale. Vous n'êtes pas seulement là pour aider vos clients à trouver des articles qui les mettront en valeur, mais aussi pour les guider et leur donner des conseils honnêtes. Cela signifie que vous devriez toujours agir dans le meilleur intérêt de vos clients et ne jamais essayer de leur vendre quelque chose simplement parce que cela rapporterait une plus grande commission à vos poches.

En tant que personal shopper, il est approprié de refuser un client ou un travail si vous pensez que vous ne pourrez pas lui offrir le meilleur service. Si une pièce ne convient pas à un client, il est de votre responsabilité de lui dire. L'intégrité et l'honnêteté sont des valeurs essentielles dans ce domaine, et il est essentiel de ne jamais compromettre ces valeurs pour des profits à court terme.

Enfin, en tant que personal shopper, il est important de toujours respecter le choix du client. Vous pouvez fournir des conseils et des suggestions, mais ultimement, le choix appartient à votre client. Il faut toujours garder à l'esprit que chaque client est unique avec ses goûts individuels, et qu'une partie de votre travail consiste à respecter ces diverses préférences et à travailler en fonction d'elles.

La confidentialité et l'éthique professionnelle ne se limitent pas à ces principes, mais ils constituent une base solide pour une carrière fructueuse en tant que personal shopper. C'est grâce à ces fondations solides que vous pourrez construire une réputation digne de confiance, ce qui à terme vous amènera à avoir une clientèle fidèle et satisfaite. En fin de compte, ces principes d'éthique et de confidentialité vous aideront à créer une relation durable et précieuse avec vos clients, une relation qui va bien au-delà de simples transactions commerciales.

Chapitre 4
Construire votre marque personnelle.

Importance de l'image de marque

Dans le métier de Personal Shopper, l'importance de l'image de marque ne peut être sous-estimée. C'est le pilier qui soutient et valide tout ce que vous prétendez être en tant que professionnel. La construction d'une marque personnelle forte et cohérente est donc cruciale pour réussir dans ce domaine.

Bien que l'industrie de la mode et du shopping soit colorée et dynamique, elle est également très saturée, ce qui signifie que se démarquer est plus important que jamais. Votre marque personnelle est ce qui vous distingue de la foule. Elle est le prisme à travers lequel vos clients et prospects vous voient. C'est la promesse que vous faites au monde sur ce qu'ils peuvent attendre de vous en termes d'expertise, de service et de valeur.

Construire une marque personnelle, c'est plus que se donner un nom ou se créer un logo. C'est une déclaration d'identité qui communique vos valeurs fondamentales, votre passion et votre expertise unique. C'est ce qui vous rend mémorable aux yeux de vos clients et vous enveloppe d'un sentiment de confiance et d'autorité. Plus votre marque est solide et cohérente, plus votre public aura confiance en vous, et plus vous pourrez attirer et retenir des clients fidèles.

De plus, votre image de marque personnelle est également un outil de marketing puissant. En travaillant judicieusement, votre marque peut annoncer votre présence même avant que vous n'entriez dans la pièce. Elle peut informer, éduquer et engager votre public de manière silencieuse mais puissante. Si les clients se sentent en phase avec votre marque, ils ne seront pas seulement plus susceptibles de faire appel à vos services, mais ils pourront également devenir des ambassadeurs de votre marque, multipliant encore votre visibilité et votre crédibilité.

Enfin, il est crucial de noter que l'image de marque personnelle est bien plus qu'une tâche ponctuelle. C'est un processus continu qui évolue avec vous et votre carrière. Elle nécessite un entretien régulier et une attention consciente pour rester pertinente et efficace. Des changements dans vos services, vos compétences, votre public cible ou même le marché peuvent nécessiter des modifications de votre marque pour qu'elle reste adaptée et impactante.

En résumé, l'importance de l'image de marque dans la carrière d'un Personal Shopper ne doit pas être négligée. Elle est un reflet de vous-même, un aimant pour votre public cible et un puissant levier pour lancer et développer votre carrière. Combinez cela avec votre expertise, votre passion pour la mode et votre service client hors pair, et vous serez sur la voie du succès en tant que Personal Shopper.

Créer un portfolio attrayant

Votre entrée en tant que personal shopper est déterminée par la valeur que vous apportez sur le marché. La création d'un portfolio attrayant est essentielle pour attirer les clients potentiels. Votre portfolio doit présenter vos compétences, votre style ainsi que votre capacité à comprendre et à anticiper les besoins de vos clients.

L'idée est de montrer tout ce que vous avez de meilleur à offrir. À cette fin, votre portfolio doit inclure une variété de travaux que vous avez réalisés, que ce soit lors de séances de shopping, de relooking ou de stylisme pour des événements. Il faut aussi penser aux témoignages réels de clients satisfaits, ce qui renforcera votre crédibilité auprès des prospects.

Créez un environnement virtuel visiblement attrayant qui montre votre goût en matière de style vestimentaire mais aussi votre habileté à faire du shopping. Il s'agit de mettre en évidence votre sens unique du style et votre compétence à choisir des articles qui améliorent l'apparence de vos clients. Chaque image, chaque détail dans votre portfolio doit être cohérent avec votre marque personnelle.

Vous devez toujours montrer la transformation, car c'est ce que vos clients recherchent. Ils veulent voir comment vous avez transformé la garde-robe de vos clients, comment vous avez amélioré leur style et comment vous les avez aidés à se sentir plus en confiance. Les images avant/après peuvent être incroyablement puissantes pour illustrer ces transformations.

N'oubliez pas également d'exprimer votre processus de réflexion derrière chaque choix de style. C'est l'occasion d'expliquer pourquoi vous avez choisi certains vêtements ou accessoires, comment ils conviennent parfaitement à votre client, et comment ils contribuent à améliorer son apparence. Cela démontre non seulement votre expertise, mais aussi votre compréhension des besoins individuels de vos clients - un atout précieux dans le personal shopping.

Pensez également à mettre en avant votre capacité à travailler avec différentes morphologies, différents types de peau, différents budgets et différents styles. Cela montrera votre polyvalence et votre capacité à vous adapter aux besoins de différents clients. Vous pourrez aussi mentionner dans votre portfolio vos connaissances des tendances actuelles de la mode.

Cependant, n'oubliez pas que votre portfolio ne doit pas se résumer qu'à des images. Le texte est aussi très important. Des descriptions détaillées des projets sur lesquels vous avez travaillé et des récits de cas d'étude permettront à vos futurs clients de mieux comprendre votre processus de travail et vos compétences.

En construisant un portfolio puissant, vous aurez un

outil de marketing précieux pour montrer à vos clients potentiels ce que vous pouvez faire pour eux. Bien plus qu'un simple catalogue de vos travaux antérieurs, votre portfolio est votre chance de partager votre passion pour la mode et le shopping, et de montrer comment cette passion se traduit par un service exceptionnel pour vos clients. En fin de compte, un portfolio bien pensé et bien conçu vous aidera à attirer plus de clients et à développer avec succès votre carrière de personal shopper.

Marketing digital et réseaux sociaux

Dans le monde actuel, hyper-connecté, tout professionnel qui souhaite émerger doit user de tactiques solides de marketing digital et des réseaux sociaux. Pour un personal shopper aspirant, cette compétence est encore plus essentielle. Vous offrez un service hautement personnalisé qui a besoin d'une visibilité optimale pour accroître sa portée et sa légitimité. L'objectif serait de construire une marque personnelle cohérente, attrayante et mémorable.

Commencer par une présence en ligne professionnelle et attrayante prouve non seulement votre engagement envers votre métier, mais permet également d'établir un premier niveau de confiance avec vos prospects. Créez un site Web accrocheur, une vitrine numérique de vos services, de vos réalisations et de vos clients satisfaits. N'oubliez pas de rendre votre site Web facilement navigable, avec des sections clairement définies, y compris un portfolio et des témoignages qui démontrent votre talent et votre expérience.

Les réseaux sociaux sont au cœur du marketing digital. Chaque plateforme offre ses atouts propres et la possibilité de toucher des segments spécifiques de votre audience. Facebook, par exemple, vous donne accès à une base d'utilisateurs diversifiée, tandis qu'Instagram et Pinterest sont idéales pour présenter des photos de haute qualité de vos travaux. Considérez ces plateformes comme des extensions de votre marque et utilisez-les pour renforcer le message et l'identité que vous voulez que vos clients associent à vous.

Votre contenu doit être engageant et procurer de la valeur à votre audience. Partagez des conseils de mode, des tendances, des trouvailles uniques, du backstage de vos séances shopping - les possibilités sont infinies. Assurez-vous de répondre aux commentaires et de stimuler la conversation. La régularité est un autre facteur clé. Créez un calendrier de contenu pour planifier vos posts et gérer votre temps efficacement.

Le marketing par courriel est un autre outil efficace à votre disposition. C'est un canal privilégié pour partager votre bulletin, vos offres exclusives, vos mises à jour, tout en restant connecté avec vos clients existants et potentiels. Les newsletters constituent une puissante stratégie de création de liens, à condition que leur contenu soit utile à vos abonnés.

N'oubliez pas le référencement, c'est-à-dire viser une présence en ligne optimisée pour les moteurs de recherche. L'application de stratégies SEO sur votre site et votre blog peut travailler en faveur de votre visibilité et de votre trafic organique. Les mots-clés ciblés, le contenu riche et pertinent, ou l'optimisation des images sont quelques-unes des tactiques fondamentales pour atteindre cet objectif.

Finalement, la mesure et l'analyse de vos efforts de

marketing digital sont vitales pour comprendre ce qui fonctionne et ce qui nécessite une adaptation. Utilisez les outils d'analyse disponibles pour suivre vos performances en termes de portée, d'engagement et de conversions.

Dans l'ensemble, un marketing digital et une présence sur les réseaux sociaux solides, combinés à une vision forte et une offre de service claire, peuvent considérablement booster votre carrière de personal shopper. C'est un jeu d'équilibre où la patience, la persévérance et la passion vont de pair avec la stratégie, l'innovation et l'éthique de travail. Allez-y, et faites valoir votre marque dans le paysage numérique !

Networking et collaborations

En abordant la partie "Networking et collaborations", il est essentiel de comprendre que aucune entreprise ou carrière ne peut prospérer sans interconnexion. En tant que futur personal shopper, creuser votre niche demande inévitablement de se connecter aux bonnes personnes et de travailler ensemble pour atteindre un objectif commun.

Networking et collaborations sont deux termes vastes avec une légère nuance. Le networking implique d'élargir votre réseau de contacts, ce qui implique de rencontrer et d'échanger avec d'autres personnes partageant les mêmes idées. Il s'agit d'une collection systématique d'interactions personnelles et de relations commerciales qui, lorsqu'elles sont correctement gérées, peuvent devenir une ressource précieuse tout au long de votre carrière de personal shopper. En revanche, la collaboration est plus axée sur le travail avec les autres pour atteindre des objectifs mutuels.

Le networking est d'une importance capitale. Pour le personal shopper que vous aspirez à devenir, vos clients potentiels se cachent dans vos interactions quotidiennes et vos réunions fortuites. Lorsque vous participez à des événements sociaux, des séminaires et des forums, assurez-vous de vous présenter et de parler de ce que vous faites. Un simple échange de cartes de visite peut mener à une future entreprise florissante. Sur une note numérique, LinkedIn, Facebook et Instagram sont des plateformes fantastiques pour élargir votre réseau.

Imaginez rencontrer un designer de vêtements lors d'une soirée cocktail ; votre conversation peut évoluer vers une future collaboration où le designer crée des pièces spéciales pour vos clients, augmentant ainsi la valeur de ce que vous offrez. Cela nous amène à la nécessité de la collaboration.

La collaboration est le carburant qui propulse l'entreprise de personal shopping au rang supérieur. Collaborer avec des designers, des stylistes, des marques et même d'autres personal shoppers peut s'avérer bénéfique. Soutenir le travail d'un autre styliste sur les réseaux sociaux, par exemple, ne fait que renforcer vos chances de recevoir le même soutien en retour.

La collaboration pousse à la diversité des idées, aide à rafraîchir vos concepts et vous aide à rester à jour dans un marché de la mode en constante évolution. Proposez des échanges de services avec des photographes, des blogueurs de mode et des influenceurs. Cela profite à toutes les parties, créant une synergie qui renforce chacune de vos marques. Plus important encore, ces collaborations pourraient donner lieu à des recommandations, consolidant ainsi votre statut de personal shopper de choix.

En conclusion, le networking et la collaboration ne sont pas seulement des outils pour vous aider à vous lancer dans le métier de personal shopper, ils sont indispensables tout au long de votre carrière. Tisser des relations et travailler avec d'autres ajoute de la valeur à ce que vous offrez, augmente votre présence sur le marché et vous place en première ligne quand les opportunités se présentent. N'oubliez pas que dans cette industrie de la mode toujours changeante et interconnectée, personne ne peut réussir seul.

Chapitre 5
Outils et techniques de Personal Shopping.

Utilisation des technologies modernes

L'ampleur de l'impact de la technologie moderne sur le personal shopping est indéniable. En tant que personal shopper, il est essentiel de s'adapter et de tirer parti de ces outils innovants pour fournir un service plus personnalisé et efficient. Voici comment cela peut être adopté dans la profession.

Il y a quelques années, la notion de personal shopping se résumait à sillonner les magasins à la recherche de la tenue parfaite pour un client. Cependant, avec l'avènement des technologies modernes, le métier de personal shopper a évolué. L'intégration de la technologie dans les activités quotidiennes de personal shopping s'est avérée efficace et a élargi le champ d'action de ce métier. Les réseaux sociaux, par exemple, jouent un rôle crucial dans la connexion avec les clients et l'acquisition de nouvelles tendances de la mode. Instagram et Pinterest sont des plates-formes populaires où les personal shoppers peuvent puiser de l'inspiration, découvrir les préférences de leurs clients et même trouver des pièces uniques en ligne.

En outre, le personal shopping est également passé à l'ère numérique grâce aux applications mobiles. Ces applications permettent non seulement de gagner du temps, mais aussi d'offrir un service plus personnalisé en fonction des préférences individuelles des clients. Par exemple, certaines applications, comme Wishi, permettent aux personal shoppers de charger les garde-robes de leurs clients, de créer des tenues et de recevoir des feedbacks en temps réel. De plus, ces applications utilisent souvent l'intelligence artificielle pour recommander des articles basés sur le style, la météo, l'occasion, entre autres.

Passer au digital permet également d'intégrer des outils de modélisation 3D et de réalité augmentée. Ces outils modernes offrent la possibilité de créer des essais virtuels pour les clients, leur permettant de voir comment une tenue ou une pièce particulière pourrait leur convenir avant de l'acheter. Cela ajoute une nouvelle dimension au service et favorise une expérience d'achat plus interactive et intéressante.

Les plateformes en ligne offrent également une gamme d'options beaucoup plus large que ce qui est disponible en magasin. Grâce à l'internet, un personal shopper peut accéder à des articles de créateurs du monde entier, trouver des pièces plus anciennes ou rares et fournir une offre plus diversifiée et unique à ses clients.

Enfin, en plus de profiter de la commodité qu'offre la technologie, adopter ces outils modernes permet également d'analyser les données des clients. Les informations recueillies peuvent être utilisées pour comprendre les comportements d'achat, les tendances et les préférences, ce qui peut aider à anticiper les besoins des clients et à fournir un service encore plus personnalisé.

En conclusion, l'utilisation de ces technologies modernes dans le domaine du personal shopping augmente non seulement l'efficacité et la commodité, mais permet également de fournir un service plus adapté et personnalisé. En tant que personal shopper, s'adapter à cette évolution et adopter ces outils est un moyen incontournable de rester compétitif et pertinent dans cette industrie dynamique.

Techniques de shopping efficaces

En se lançant dans le domaine du personal shopping, il est essentiel d'apprendre et de maîtriser diverses techniques de shopping efficaces. Ces techniques, acquises et perfectionnées avec le temps et l'expérience, sont ce qui distingue le personal shopper amateur du professionnel.

L'une des premières et des plus importantes techniques consiste à comprendre et à analyser en profondeur les goûts, les intérêts et le style de vie du client. Au-delà de connaître simplement leur taille de vêtements et leurs couleurs préférées, vous devez aussi savoir quels sont les vêtements dans lesquels ils se sentent le plus à l'aise, quels sont leurs hobbies, quel est leur travail et quelles sont leurs aspirations. De cette manière, vous pouvez choisir les pièces qui correspondent le mieux à leur personnalité et à leur vie quotidienne.

Une autre technique cruciale est l'art de la négociation et des bonnes affaires. Un personal shopper ne se contente pas de trouver les bons articles, il peut également obtenir les meilleurs prix. Apprenez à négocier avec les détaillants et à rechercher les meilleures affaires - cela peut inclure tout, des soldes de fin de saison aux ventes privées exclusives. Cela couvre également la recherche de ventes en ligne ou la localisation de pièces uniques dans des magasins vintage ou de seconde main.

La capacité à s'adapter et à être flexible est une technique de shopping efficace qui est souvent négligée. Cela implique d'être préparé à faire face à divers scénarios, qu'il s'agisse de changements de dernière minute de la part du client, de problèmes de stock avec un article particulier ou de s'adapter à un nouvel environnement de shopping ou à des préférences changeantes. Une adaptabilité rapide et efficace peut faire la différence entre une expérience de shopping stressante et une qui est fluide et agréable pour le client.

En parlant de stress, l'une des techniques les plus difficiles à maîtriser, mais aussi l'une des plus gratifiantes, consiste à fournir une expérience de magasinage tranquille pour le client. C'est là que l'organisation joue un rôle clé. Planifiez à l'avance, établissez un itinéraire de magasinage, faites une liste d'articles spécifiques à rechercher et prévoyez du temps pour les éventualités. Une expérience de shopping bien organisée réduit le stress pour vous et le client et peut faire d'une journée de shopping une expérience plaisante et relaxante.

Enfin, la plus importante de toutes les techniques de shopping est peut-être celle qui est la plus négligée : garder une attitude positive et enthousiaste. Le personal shopping peut devenir stressant et frustrant, mais si vous amenez de l'énergie positive à chaque situation, cela peut changer radicalement l'expérience. Cette énergie positive peut aider à surmonter les obstacles et peut être contagieuse, transformant ce qui aurait pu être une corvée pour le client en une expérience amusante et excitante.

En somme, l'efficacité en matière de personal shopping requiert bien plus que de simples compétences en matière de style et de mode. C'est un mélange complexe de compréhension du client, de négociation et de recherche d'offres, d'adaptabilité, d'organisation et d'attitude positive. En maîtrisant ces techniques, vous pouvez vous distinguer en tant que personal shopper et offrir un service qui va au-delà des attentes du client.

Négociation et gestion des fournisseurs

Dans le monde du personal shopping, la négociation et la gestion des fournisseurs sont des compétences cruciales qui peuvent faire toute la différence pour votre succès. Respecter un budget tout en respectant les goûts et les styles de vos clients est un défi, et cela dépend en grande partie de vos relations avec les fournisseurs.

Il existe différentes stratégies pour approcher les fournisseurs en tant que personal shopper. En premier lieu, établir une relation de confiance est fondamental. Cela signifie que vous devez faire preuve de professionnalisme et d'intégrité à chaque interaction. Pensez à long terme et non à court terme. Le but est de bâtir des alliances solides, ce qui signifie parfois renoncer à une affaire pour en préserver une autre.

La négociation ne se résume pas à obtenir le prix le plus bas possible. Il s'agit plutôt de parvenir à un accord bénéfique pour les deux parties. Vous pouvez négocier des remises en volume, des délais de paiement plus longs, une priorité sur les nouveaux articles ou même des articles exclusifs. Lorsque vous demandez des concessions à un fournisseur, assurez-vous d'offrir quelque chose en retour, comme des références à d'autres clients ou la promotion de leurs produits.

Il est également crucial d'apprendre à bien gérer vos fournisseurs. Cela signifie que vous devez communiquer constamment avec eux, comprendre leurs problèmes et les aider à réussir. Plus vous pouvez être un partenaire précieux pour eux, plus ils seront enclins à vous soutenir.

N'oubliez pas que les relations avec les fournisseurs nécessitent du temps et des efforts pour se développer. C'est une entreprise à long terme et il est important de ne pas se décourager si vous ne parvenez pas à établir une relation solide du jour au lendemain. Soyez patient, travaillez dur et vous verrez que vos efforts porteront leurs fruits.

En tant que personal shopper, votre objectif est de fournir à vos clients la meilleure expérience de shopping possible. Cela demande des compétences en négociation, en gestion des fournisseurs et en adaptation constante aux demandes des clients. Ces compétences ne sont pas acquises du jour au lendemain, mais avec de la pratique, de l'engagement et du dévouement, vous pouvez exceller dans ce domaine.

En fin de compte, devenir un personal shopper de succès dépend de votre capacité à comprendre vos clients et à travailler en étroite collaboration avec les fournisseurs. En mettant l'accent sur la construction de relations solides, en gérant efficacement les fournisseurs et en négociant judicieusement, vous pouvez construire une carrière florissante dans le domaine du personal shopping.

Organisation et planification des sessions de shopping

Dans le monde du personal shopping, l'organisation et la planification des sessions de shopping sont des éléments primordiaux qui garantissent la réussite de chaque mission. Ces périodes de shopping peuvent être vécues comme des voyages, précieux et intenses, au cours desquels le personal shopper accompagne son client à la découverte du meilleur de lui-même, à travers des vêtements et des accessoires soigneusement sélectionnés.

Tout commence par une phase de conception.

C'est ici que le personal shopper détermine avec son client les détails de la session de shopping : l'objectif (une soirée spécifique, une refonte de la garde-robe, ou juste un renouvellement de style), le budget, les préférences de style et de couleur, et d'autres détails similaires. Il est important que tout cela soit fait à l'avance, parce que le personal shopper utilise ces informations pour créer un plan de shopping personnalisé.

Ensuite, le personal shopper fait ses propres recherches. Il fait le tour des magasins, scrute les nouveautés, recherche en ligne, et consulte même ses contacts au sein de l'industrie pour connaître les dernières tendances et les promotions en cours. Le but est de créer une expérience de shopping sur mesure pour chaque client qui soit à la fois agréable et lucrative. Ce méticuleux travail de préparation permet non seulement de gagner du temps lors de la session de shopping proprement dite, mais aussi de veiller à ce que chaque pièce choisie soit la meilleure adéquation possible pour le client.

Le jour du shopping, le personal shopper met le plan en action. Avec le client à ses côtés, il navigue à travers les magasins préselectionnés, choisissant des pièces qui correspondent aux préférences du client. L'objectif n'est pas seulement d'acheter des vêtements et des accessoires, mais de fournir un service personnalisé qui permet au client de se sentir valorisé, pris en charge et confiant.

Chaque session de shopping est une aventure, chaque client une découverte. Au fil des sessions, le personal shopper devient une sorte d'intermédiaire entre le style personnel du client et le monde dynamique et en constante évolution de la mode. C'est une danse délicate qui demande à la fois habileté et sensibilité, et qui nécessite une organisation et une planification sans faille.

Il va sans dire que chaque session de shopping se conclut par une période de réflexion, durant laquelle le personal shopper évalue sa performance et cherche des moyens d'améliorer sa pratique. Ce retour d'information est crucial ; il permet non seulement d'apprendre de ses erreurs, mais aussi de célébrer les réussites et de se préparer pour les nombreuses sessions passionnantes qui attendent au tournant.

En somme, concrètement, devenir un personal shopper, requiert bien plus que de simples compétences en mode et en style. Au cœur de ce métier se trouve l'art de l'organisation et de la planification, qui permet de créer des expériences de shopping inoubliables pour chaque client.

Chapitre 6
Styles et tendances actuelles.

Suivi des tendances de mode

Le suivi des tendances de mode est une compétence essentielle pour tout personal shopper qui se respecte. Dans cette profession, avoir une longueur d'avance sur les nouvelles modes pourrait bien être l'arme secrète, le hack qui fait de vous un champion dans votre domaine.

Le monde de la mode est en constante évolution, chaque saison apporte de nouveaux styles, de nouvelles couleurs et de nouvelles silhouettes à la vue du public. En tant que personal shopper, vous devez être au fait de ces changements et savoir à quoi vous attendre à l'avance, afin de pouvoir conseiller vos clients en conséquence. Cette capabilité d'anticipation vous offre l'avantage de comprendre le flux et le reflux des tendances avant la majorité des autres consommateurs.

La compréhension des tendances implique une étude habituelle des collections saisonnières présentées lors des semaines de la mode à travers le monde. New York, Londres, Milan et Paris sont les quatre grandes villes où les designers de mode montrent leurs nouvelles collections, et un véritable personal shopper le sait et en fait usage. Pour avoir un aperçu des tendances à venir, il vous faudra donc rester informé en parcourant les critiques des défilés et en regardant les photos des collections.

Il serait aussi sage pour vous de fréquenter les boutiques de mode haut de gamme, les grands magasins et les boutiques en vogue, car ils ont souvent un aperçu des nouvelles collections et des futurs styles avant qu'ils n'arrivent sur le marché de masse. L'idée ici n'est pas d'acheter tout ce qui est en vue, mais plutôt d'être en mesure d'identifier les tendances potentielles en avance, et d'anticiper quelles seront les options disponibles pour vos clients.

Cependant, simplement observer n'est pas suffisant. Vous devez analyser, discerner ce dont votre client aura besoin avant qu'il ne le sache lui-même. Cela implique de savoir qui est votre client, ce qu'il aime, quel est son style de vie, et comment vous pouvez aider à améliorer son image. La personnalisation est la clé du succès.

Bien que le monde de la mode évolue à un rythme effréné, votre objectif en tant que personal shopper n'est pas de transformer votre client en une victime de la mode: quelqu'un qui se précipite pour adopter chaque nouvelle tendance sans réfléchir à ce qui lui convient vraiment. Au lieu de cela, votre but est de l'aider à développer un style personnel qui fonctionne pour lui et qui est simultanément en phase avec les courants de la mode.

Il est également crucial de ne pas ignorer la mode de la rue et des médias sociaux. Les influenceurs de la mode sont souvent les premiers à adopter de nouvelles tendances, et ils sont une source d'inspiration importante pour les consommateurs et les stylistes du monde entier. Prenez donc l'habitude de suivre les blogs de mode, les comptes Instagram et les autres réseaux sociaux des icônes de style pour rester branché sur les dernières tendances.

En résumé, suivre les tendances de mode en tant que personal shopper n'est pas une simple affaire de copier ce qui est à la mode : c'est une combinaison d'observation, d'analyse et d'intuition. C'est un jeu de patience, où vous devez discerner les éclairs d'une saison au loin, et vous préparer à les accueillir quand ils arrivent.

Comprendre les saisons et leurs impacts sur le shopping

Comprendre les saisons et leurs impacts sur le shopping est indispensable pour toute personne qui ambitionne de devenir personal shopper. Ces influences saisonnières sur la mode et le shopping ne sont pas seulement liées aux changements climatiques, mais participent aussi à l'évolution constante des tendances.

La mode est un cycle continu de renouveau et chaque saison offre sa nouvelle palette de couleurs, de tissus et de styles. Dans ce tourbillon perpétuel, la conscience des particularités de chaque saison est essentielle pour un personal shopper. Le printemps, par exemple, annonce généralement l'arrivée de couleurs fraîches et de motifs floraux, évoquant un sentiment de renaissance et de rénovation. Cette saison est parfaite pour intégrer des pièces plus légères et vives dans la garde-robe de vos clients, en contraste avec les couleurs typiquement plus sombres et plus neutres de l'hiver.

L'été, en revanche, implique généralement des

vêtements plus légers, conçus pour faciliter la ventilation et le confort pendant les journées plus chaudes. Les vêtements en coton, lin et autres tissus naturels et respirants deviennent la priorité. De plus, les joyeuses teintes solaires et les imprimés audacieux caractérisent souvent les créations estivales. Les clients auront besoin de conseils pour composer une garde-robe adaptée aux hautes températures, sans sacrifier l'élégance.

La transition vers l'automne signifiera la réintroduction de pièces plus robustes et plus lourdes dans la garde-robe. Les tons terreux, les vestes et les tricots reviennent dans la mode à ce moment. La tâche du personal shopper sera d'aider ses clients à naviguer entre fin de l'été et début de l'automne, période pendant laquelle les températures peuvent fluctuer considérablement.

Enfin, l'hiver impose des considérations plus pragmatiques en termes de shopping. Les clients chercheront à se faire conseiller pour trouver des vêtements qui les protègent du froid tout en restant tendance. Les matières chaudes comme la laine, le cachemire et le cuir, ainsi que les couleurs sombres et riches, seront privilégiées.

En comprenant comment chaque saison influence les tendances et le shopping, un personal shopper saura élaborer des tenues adaptées pour ses clients tout au long de l'année. Cette connaissance le rendra indispensable dans la vie de ses clients, car il leur permettra d'être toujours au top de la mode, quelles que soient les conditions climatiques ou les variations saisonnières.

Un personal shopper doit être capable d'anticiper les tendances avant même qu'elles n'apparaissent dans les vitrines et doit à tout moment être en mesure de proposer des alternatives adaptées à la saison. La satisfaction du client est la clé de la réussite et le premier pas pour y parvenir est de comprendre l'impact des saisons sur le shopping. Un personal shopper doit perpétuellement rester à l'affût des nouveautés, et surtout, parfaitement comprendre les saisons et leurs impacts sur le shopping, une compétence que tout aspirant au métier devra maîtriser.

Adapter les styles aux clients

Bon nombre de personnes pensent que le métier de personal shopper se résume à aider les clients à faire leurs achats. Bien que cette description soit en partie correcte, elle ne rend pas justice à la véritable nature du métier. Dans le grand livre de l'industrie de la mode, les personal shoppers sont les traducteurs. Ils prennent les styles et les tendances actuelles et les reconstruisent d'une manière qui reflète non seulement la signature de l'industrie de la mode, mais aussi celle de leurs clients.

L'un des aspects les plus gratifiants du métier de personal shopper est la capacité d'adapter les styles aux clients. Tout personal shopper de talent sait que son principal objectif n'est pas de transformer un client en quelqu'un qu'il n'est pas, mais plutôt d'amplifier la personnalité existante du client par le biais de la mode. Ce n'est pas un processus de transformation, mais de transcendance.

Tout commence par une compréhension profonde des clients. Cette compréhension ne se résume pas aux préférences vestimentaires d'une personne, elle englobe tous les aspects de la personnalité et du style de vie de la personne. Les idéaux de la personne, sa profession, ses passe-temps et même ses espoirs et ses rêves doivent être pris en compte. C'est un portrait complet qui permet au personal shopper de créer le style qui répond le mieux aux besoins de la personne.

Une fois cette compréhension obtenue, le personal shopper doit se tourner vers le monde de la mode. Il doit être à jour avec les tendances actuelles. Cela ne signifie pas qu'il doit forcer une tendance sur un client. Au lieu de cela, le personal shopper doit être un expert dans l'art du filtrage. Il doit être capable de filtrer les tendances qui ne correspondent pas à son client et de concentrer son attention sur celles qui amplifient au mieux le style et la personnalité du client.

Dans le monde de la mode, les tendances vont et viennent, mais le style est éternel. Le personal shopper doit donc veiller à ce que l'aspect intemporel du style du client soit toujours préservé. C'est ici que réside le véritable talent du personal shopper : la capacité de marier harmonieusement le moderne et le classique, de créer un style qui est à la fois actuel et authentique.

Cet équilibre délicat entre l'ancien et le nouveau,

entre l'individuel et le branché, est ce qui différencie le personal shopper ordinaire du personal shopper exceptionnel. C'est la capacité de créer un style qui est à la fois reflet de l'individu et résonnant avec l'air du temps. C'est la capacité de faire sentir à chaque client qu'il est unique tout en faisant partie intégrante du monde de la mode.

Ainsi, chaque personal shopper doit se rendre compte qu'il n'est pas simplement un acheteur, mais un artisan. Il doit tisser ensemble les fils divergents des désirs individuels, des tendances de la mode et des préférences personnelles pour créer une tapisserie de style qui est non seulement belle, mais aussi vraie pour le client.

Adapter les styles aux clients n'est pas une tâche facile, mais c'est ce qui fait du métier de personal shopper une profession si enrichissante. Il ne s'agit pas simplement de suivre la mode, mais plutôt de la façonner en une œuvre d'art vivante qui reflète les desseins et les désirs de chaque client.

Prévoir les futures tendances

Décrypter et anticiper les futurs styles et tendances de la mode est une compétence clé pour chaque personal shopper. En effet, ainsi la réussite d'un personal shopper repose non seulement sur la capacité à comprendre et répondre aux besoins spécifiques de chaque client, mais aussi sur un instinct et un oeil aguerri pour les tendances émergentes dans le monde de la mode.

Être le prophète des tendances de mode ne signifie pas seulement connaître les dernières nouvelles des défilés de mode. Il s'agit d'anticiper comment les grandes tendances sociales, économiques et culturelles influencent et façonnent à leur tour l'industrie de la mode. Cette connaissance profonde vous permettra de donner des conseils éclairés à vos clients, leur permettant de rester chic et actuels, tout en évitant d'investir dans des pièces qui seront vite démodées.

L'une des façons d'évaluer ces changements est de rester en contact avec l'univers de la mode : lire les blogs de mode influents, suivre les créateurs et les magazines de mode sur les réseaux sociaux, assister aux défilés de mode ou, si possible, faire des stages ou travailler dans l'industrie de la mode. Cependant, regarder la mode sous un angle plus large peut aussi être utile : pensez à l'influence des films, de la musique, de l'art et des événements mondiaux sur la mode.

Un bon personal shopper sait également que la compréhension des tendances futures ne concerne pas seulement les articles vestimentaires. Les accessoires, les bijoux, les chaussures, les cosmétiques et même les parfums suivent également leurs propres tendances. Par conséquent, une connaissance approfondie de ces domaines peut ajouter de la valeur à la consultation de vos clients.

De plus, il est primordial de ne pas se laisser submerger par l'introduction constante de nouvelles tendances. Un personal shopper exceptionnel sait quand une tendance est en accord avec le style individuel d'un client et, plus important encore, quand elle ne l'est pas. Ils favorisent toujours l'aspect individuel et la personnalité de leurs clients par rapport à n'importe quelle tendance.

Enfin, il est important de rester objectif et critique face aux nouvelles tendances. Même si un certain style est à la mode, cela ne signifie pas nécessairement qu'il conviendra à tous vos clients.

C'est là que votre expertise et votre connaissance des goûts individuels de chaque client entrent en jeu. Un personal shopper doit toujours viser à renforcer la confiance en soi de ses clients en créant des looks qui les mettent en valeur et reflètent leur personnalité unique, plutôt que de les faire adhérer aveuglément à la dernière tendance.

Naviguer à travers les tendances peut être un défi, mais c'est aussi l'une des parties les plus passionnantes et les plus gratifiantes du travail de personal shopper. En restant informé, critique, et en accordant toujours la priorité à l'individualité de vos clients, vous pouvez les aider à se sentir à la fois à la mode et fidèles à eux-mêmes. Et c'est exactement cela, l'objectif ultime de chaque personal shopper.

Chapitre 7
Gestion des affaires.

Création et gestion d'une entreprise de Personal Shopping

Créer et gérer une entreprise de Personal Shopping nécessite, comme toute entreprise, une combinaison d'un bon concept, une éthique de travail robuste, une connaissance approfondie du secteur et une gestion rigoureuse.

Avant tout, vous aurez à définir précisément les contours de votre activité, pourquoi vous voulez devenir Personal Shopper et quels sont les services que vous comptez offrir. Vous devez ensuite identifier votre marché cible et élaborer une proposition de valeur unique qui répond à leurs attentes. Prenez un moment pour réfléchir à vos clients idéaux, leurs préférences de style, leur budget et leurs besoins d'achat. C'est plus qu'un simple exercice intellectuel. Il s'agit de faire le lien entre vos compétences et la demande du marché.

Ensuite, veillez à acquérir les compétences nécessaires pour être dans ce métier. Suivez une formation ou acquérez une expérience relative dans la mode et le commerce de détail. Cela pourrait être aussi simple que de travailler dans une boutique de vêtements pendant un moment, mais cela pourrait aussi impliquer de suivre une formation en stylisme ou en conseil en image.

Une fois que vous avez un savoir-faire solide en mode, vous devez développer vos capacités de gestion d'entreprise. Cela comprend le développement d'un plan d'affaires détaillé, la projection des flux de trésorerie, la compréhension du processus comptable et, bien sûr, la gestion des tâches administratives quotidiennes.

La création d'une entreprise implique aussi de se plonger dans le côté juridique. Cela comprend la décision de la forme juridique de l'entreprise - entreprise individuelle, SARL, SAS, etc., l'enregistrement de votre entreprise, l'acquisition de permis et licences nécessaires et la connaissance des lois relatives à votre profession et votre zone d'opération. Il est crucial de bien maîtriser ces aspects pour protéger votre entreprise et éviter toute violation de la loi.

Une fois l'entreprise créée, le véritable défi est de la faire croître. En plus du recrutement potentiel d'employés, vous devrez développer une stratégie marketing pour faire connaître vos services. Ici, il est important de rester flexible, de tester différents canaux et méthodes, d'évaluer leur efficacité et d'adapter vos stratégies en conséquence.

La gestion de votre entreprise sera une tâche en constante évolution, avec des hauts et des bas. Il est important de garder un œil sur les finances, de maintenir une relation forte avec votre clientèle et de rester à jour sur les dernières tendances de la mode. Vous pouvez rencontrer des défis inattendus, des périodes de stagnation ou des moments de croissance rapide. Quoi qu'il arrive, gardez votre vision en tête et n'ayez pas peur d'ajuster votre trajectoire.

Pour conclure, la création et la gestion d'une entreprise de personal shopping nécessitent de la détermination, de l'adaptabilité et une véritable passion pour la mode. Avec un concept solide, une connaissance approfondie du marché, une expertise de la mode et la capacité de gérer efficacement votre entreprise, vous pouvez viser le succès dans ce secteur dynamique et passionnant.

Aspects financiers du métier

Dans la branche passionnante du personal shopping, la gestion des aspects financiers est d'une importance cruciale. En effet, devenir un personal shopper exige bien plus que le talent pour sélectionner les dernières tendances de la mode. C'est aussi une entreprise qui requiert une bonne compréhension des principes financiers.

L'un des premiers aspects financiers à considérer lors du lancement en tant que personal shopper est l'investissement initial. N'oubliez pas, comme c'est le cas pour presque toutes les entreprises, un certain niveau d'investissement est nécessaire. Dans le cas du personal shopping, l'argent sera principalement investi en marketing et en relations publiques. Il se peut que vous deviez embaucher un graphiste pour la création de logos et de cartes de visite, ou peut-être investir dans un site Web professionnel. Les fonds pour l'adhésion à des réseaux d'affaires locaux pourraient également être nécessaires afin d'accroître votre visibilité.

Une fois votre entreprise lancée, la gestion de vos opérations au jour le jour devient la prochaine étape financière critique. Une bonne gestion financière implique la mise en place de systèmes efficaces pour suivre vos revenus et dépenses. La tenue de registres financiers précis est essentielle et vous permettra de rester organisé et au-dessus de vos obligations fiscales.

Le revenu d'un personal shopper peut varier considérablement. Il peut être basé sur des consultations horaires, des frais fixes par service, ou une combinaison des deux. Il est donc crucial d'établir votre structure tarifaire dès le début. Il faut tenir compte de l'heure et de l'effort investis dans chaque projet, ainsi que de la valeur ajoutée que vous offrez à vos clients.

Un autre élément à prendre en compte dans les finances du personal shopping est le budget de vos clients. Il est naturel de vouloir afin de pouvoir proposer des vêtements et des accessoires de meilleure qualité à vos clients. Cependant, il faut se souvenir que chaque client a un budget différent. Votre travail en tant que personal shopper est de travailler dans les limites de ce budget tout en fournissant le meilleur service possible.

De plus, il est important de penser à l'avenir et d'établir des objectifs financiers pour votre entreprise. Ces objectifs vous aideront à rester motivé et concentré. Ils vous permettront également de mesurer vos progrès et de déterminer si vous devez apporter des modifications à votre plan d'affaires.

Enfin, il est impératif de toujours être préparé à l'impensable. Comme dans toute entreprise, il existe des risques financiers en tant que personal shopper. Par conséquent, il faut toujours un plan d'urgence en cas de circonstances imprévues. Peut-être qu'un mois, les affaires sont lentes, ou bien un client décide de ne pas payer pour une raison quelconque. C'est pourquoi il est essentiel d'avoir des réserves financières pour couvrir ces situations.

Dans l'ensemble, la gestion effective des aspects financiers est une étape cruciale pour devenir un personal shopper prospère. Réussir dans ce domaine nécessite une solide compréhension des principes financiers, ainsi qu'une gestion avertie des ressources. En gardant ces facteurs à l'esprit, vous pouvez non seulement établir une base solide pour votre carrière en tant que personal shopper, mais aussi assurer la croissance et la prospérité de votre entreprise.

Stratégies de croissance et d'expansion

Dans le monde dynamique du personal shopping, la croissance et l'expansion ne sont pas seulement des aspirations, elles sont essentielles à la survie et au succès. Avec l'advent de la mondialisation et de la technologie, le marché du personal shopping est devenu incroyablement compétitif. Face à ce paysage en constante évolution, les strategies de croissance et d'expansion sont la clé pour rester pertinent et prospérer.

L'une des premières étapes vers la croissance et l'expansion est de comprendre votre marché cible. Un personal shopper efficace saura répondre aux besoins spécifiques de ses clients. Mais pour le faire à une plus grande échelle, il faut aller plus loin. Il faut comprendre le marché dans son ensemble. Quels sont les goûts et les préférences courants ? Quels sont les tendances émergentes ? Quels segments du marché sont sous-servis ? C'est en répondant à ces questions que vous trouverez des opportunités de croissance.

La construction d'une marque forte est également

vitale. Dans un environnement saturé, vous devez vous démarquer. Votre marque est ce qui vous distingue, ce qui donne un sens à vos services et les rend désirables. C'est ce qui permet à vos clients de vous identifier et de se connecter à vous. Votre marque doit être constamment renforcée et vous devez toujours chercher des moyens de l'améliorer et de la rendre plus distinctive.

Le networking est un autre outil précieux pour la croissance et l'expansion. Le personal shopping est une activité en grande partie basée sur les relations. Bâtir un réseau de contacts peut non seulement vous aider à trouver de nouveaux clients, mais aussi à développer votre entreprise de diverses manières. Vous pouvez, par exemple, entrer en partenariat avec d'autres professionnels de la mode pour proposer des services plus complets à vos clients, ou obtenir des recommandations de la part de personnes influentes.

Enfin, l'adaptabilité est essentielle pour assurer la viabilité de votre entreprise à long terme. Le marché du personal shopping change rapidement, avec de nouvelles tendances, de nouveaux outils technologiques et de nouvelles attentes des clients qui apparaissent constamment. Vous devez être prêt à vous adapter à ces changements, à innover et à vous réinventer si nécessaire.

En conclusion, une stratégie efficace de croissance et d'expansion sera un mélange de compréhension du marché, de création d'une marque forte, de networking et d'adaptabilité. Ce n'est pas un processus facile, ni rapide, mais avec de la détermination et de la persévérance, vous pouvez développer une entreprise de personal shopping prospère et en constante évolution.

Gestion de la concurrence et différenciation

La "Gestion de la concurrence et la différenciation" sont des éléments clés pour se frayer un chemin dans le domaine du Personal Shopping. Par définition, le Personal Shopper est une personne qui aide les autres à faire des choix de mode en tenant compte des goûts du client, de son style de vie et de son budget. Cependant, n'oublions pas que, souvent, votre client potentiel peut avoir accès à de nombreux personal shoppers. Comment pouvez-vous alors vous démarquer ?

La première étape de la gestion de la concurrence est de comprendre exactement qui elle est. Menez des études de marché pour identifier les personal shoppers qui opèrent dans votre zone géographique cible, ainsi que dans votre niche de marché. Quel type de services offrent-ils ? Quels sont leurs tarifs ? Comment communiquent-ils avec leurs clients potentiels ? Ces informations vous aideront à comprendre la valeur que vous devez offrir pour devenir le choix préféré de votre client.

L'objectif est non seulement de connaître vos concurrents, mais aussi de vous en inspirer. Aucun personal shopper ne fait tout parfaitement. Chacun aura ses forces et ses faiblesses. Identifiez ce que chacun fait de mieux et envisagez comment vous pouvez intégrer ces forces dans votre offre tout en évitant leurs faiblesses.

Passons ensuite à la différenciation. Tout comme une entreprise ne peut pas prospérer en étant une copie d'une autre, un personal shopper ne peut pas se faire un nom simplement en imitant ce que font déjà ses concurrents. La véritable différenciation provient de l'intérieur. Il s'agit d'identifier ce qui fait de vous un personal shopper unique et de le mettre en avant.

Vos forces personnelles sont une source essentielle de différenciation. Elles pourraient être liées à votre parcours, à votre capacité d'écoute, à votre compréhension de la mode, à votre réseau de détaillants, ou même à votre personnalité. Le secret est de comprendre comment ces forces vous rendent unique et de les transformer en une proposition de valeur irrésistible pour vos clients.

Vos valeurs constituent un autre levier de différenciation. Quels sont les principes qui guident votre travail ? Par exemple, vous pouvez choisir de travailler uniquement avec des marques durables, ou de convaincre vos clients d'adopter une garde-robe minimaliste. Ces principes peuvent attirer des clients qui partagent les mêmes valeurs, créant ainsi un lien plus fort avec eux.

Enfin, n'oubliez pas que la meilleure façon de vous différencier est de faire passer vos clients avant tout. Ecoutez-les, comprenez-les et aidez-les à réaliser leurs rêves de mode. En faisant cela, vous ne serez pas simplement un personal shopper, mais vous serez LE personal shopper pour vos clients.

Chapitre 8
Défis et solutions.

Gérer les situations difficiles avec les clients

Dans le monde du personal shopping, vous rencontrerez une variété de clients, tous venant avec leurs propres besoins, désirs, et défis. Il est crucial de comprendre comment gérer les situations difficiles avec les clients pour maintenir une relation solide et prospère.

L'un des problèmes les plus courants dans ce domaine est le client indécis. Ils peuvent ne pas savoir ce qu'ils veulent, fluctuer entre les options, ou ne pas être satisfaits même après avoir fait leur choix. Dans de telles situations, la clé est la patience et la communication. Écoutez activement le client, posez des questions ouvertes pour mieux comprendre leurs préférences et offrez des suggestions réfléchies sans pression. Cela peut aider le client à se sentir entendu et soutenu, ce qui peut éventuellement l'aider à prendre une décision plus rapidement.

Les clients peuvent également avoir des attentes irréalistes. Ils peuvent s'attendre à ce que vous trouviez le vêtement parfait en quelques heures ou qu'ils aient l'air d'une célébrité avec un petit budget.

Pour gérer cela, il faut éduquer le client en douceur. Expliquez-leur que chaque corps est unique et ce qui peut être fantastique sur une célébrité peut ne pas l'être sur eux. Parlez-leur du temps nécessaire pour trouver la bonne pièce et de l'importance de la qualité par rapport à la quantité. Ainsi, vous pouvez gérer leurs attentes sans les offenser ou minimiser leurs désirs.

Parfois, vous pouvez rencontrer un client difficile qui campe sur ses positions, argumente sur les prix ou critique votre travail. Dans de tels moments, rester calme est essentiel. Soyez objectif et essayez de comprendre leur point de vue. Si le client critique votre travail, ne le prenez pas personnellement. Utilisez cela comme une opportunité de croissance et cherchez un espace pour l'amélioration. Si nécessaire, ayez une politique de prix clairement indiquée pour éviter tout malentendu.

Enfin, il peut arriver que vous ayez des différences d'opinion avec un client. Vous pouvez penser qu'ils auraient l'air incroyable dans une certaine tenue, mais ils peuvent ne pas aimer votre choix. N'oubliez pas que, en fin de compte, le client doit se sentir bien dans ce qu'il porte. Essayez de trouver un équilibre entre ce que vous pensez être le meilleur pour eux et ce qu'ils sont à l'aise de porter. Montrez de l'empathie envers leurs sentiments et faites des suggestions alternatives qui s'alignent à la fois sur leur confort et sur l'amélioration de leur style.

Gérer des situations difficiles avec les clients peut être un défi, et il serait naïf de penser que vous ne rencontrerez jamais de clients difficiles. Cependant, en gardant à l'esprit les approches ci-dessus, en cultivant la patience et en conservant une attitude positive, vous pouvez transformer même les scénarios les plus délicats en relations bénéfiques et réussies. N'oubliez pas que chaque situation difficile est une opportunité d'apprendre, de grandir et de devenir un personal shopper meilleur et plus résilient.

Adapter les services en période de crise

L'adaptation des services en période de crise est peut-être l'un des défis les plus conséquents pour un personal shopper. La crise peut prendre diverses formes : économique, sanitaire, globale ou sectorielle. Les habitudes du consommateur changent, ce qui peut tout autant créer des opportunités que des obstacles. Être un personal shopper en temps de crise nécessite une réinvention rapide et innovante afin que le service que vous offrez puisse continuer à satisfaire vos clients.

Lorsque des crises surviennent, comme la pandémie du COVID-19 par exemple, les restrictions imposées par les gouvernements et les agences sanitaires peuvent limiter voire anéantir la capacité à exécuter un shopping traditionnel. Les personal shoppers doivent alors faire preuve d'une flexibilité accentuée et d'une pensée créative pour revoir leur modèle économique.

La solution réside souvent dans le numérique. En effet, le commerce électronique et les plates-formes de shopping virtuel ont gagné du terrain lors de ces crises. Les personal shoppers peuvent exploiter ces technologies pour continuer à offrir leurs services. La réalité augmentée, par exemple, peut aider les shoppers à visualiser des articles dans un environnement virtuel. Les séances de stylisme peuvent être organisées via des visioconférences, et les produits peuvent être livrés directement chez le client.

De plus, les personal shoppers peuvent se concentrer davantage sur les aspects transactionnels de leur métier. Par exemple, avec la hausse significative des prix pendant certaines crises, leurs compétences de négociation et leur connaissance du marché seront particulièrement appréciées. Les clients potentiels peuvent avoir besoin de compétences spécialisées pour trouver des articles spécifiques à des prix raisonnables. Un personal shopper peut donc devenir un véritable savior en ces temps incertains.

Par ailleurs, certaines crises peuvent susciter une prise de conscience plus large. Par exemple, une crise environnementale pourrait inciter les consommateurs à rechercher des vêtements éco-responsables. Un personal shopper qui est informé et éduqué sur cette tendance peut offrir des consultations et des options de shopping orientées vers la durabilité.

Enfin, faire preuve d'empathie et être capable de fournir un excellent service à la clientèle devient encore plus crucial en période de crise. Les clients chercheront des interactions humaines authentiques car ils traversent eux aussi des moments difficiles. Les personal shoppers peuvent se distinguer en offrant une oreille attentive et en tentant de comprendre et de satisfaire les besoins changeants de leurs clients.

En définitive, les crises sont des moments de défis mais également d'opportunités significatives pour un personal shopper. Elles peuvent aider à développer des compétences clés, à diversifier les services offerts et à se positionner en tant que professionnel indispensable, même dans des circonstances difficiles. En adaptant leurs services et en se montrant résilients, les personal shoppers peuvent non seulement survivre à la crise, mais aussi en sortir plus forts. Les meilleurs saurons s'adapter tout en gardant en ligne de mire leur mission essentielle : aider leurs clients à se sentir bien et à avoir confiance en eux grâce à leur style.

Trouver des solutions créatives aux problèmes courants

À mesure que vous tracez votre chemin en tant que personal shopper, vous rencontrerez inévitablement des défis, certains courants, d'autres spécifiques à votre situation. La clé pour y faire face est la créativité. Vous devrez constamment penser en dehors des sentiers battus et trouver des solutions uniques à ces problèmes.

En termes de style, par exemple, vous pouvez rencontrer des clients qui ont du mal à articuler ou à préciser ce qu'ils veulent exactement. Dans de tels cas, il peut être bénéfique d'explorer ensemble des collections en ligne ou des magazines de mode. En voyant différentes tenues et styles, le client peut mieux verbaliser ce qu'il aime et ce qu'il n'aime pas. De cette façon, vous êtes plus à même de cerner ses préférences et de proposer des tenues qui correspondent à ses goûts.

Rencontrer des clients avec des budgets restreints peut être un autre défi courant. Le rôle d'un personal shopper n'est pas seulement de trouver de beaux vêtements mais aussi de les trouver à un prix qui convient au client. Adopter une approche plus créative, comme la recherche de boutiques vintage, l'exploration de marchés aux puces ou la négociation de remises auprès des magasins, peut résoudre ce problème. En effet, un œil averti pour la mode ne signifie pas seulement savoir ce qui est beau, mais aussi ce qui est abordable et de qualité.

Un autre problème potentiel qui peut surgir est la gestion du temps. En tant que personal shopper, il se peut que vous ayez plusieurs clients ayant des attentes et des délais différents. La clé pour résoudre ce problème est une excellente organisation. Utiliser les outils disponibles, tels que les applications de calendrier et de planification, peut aider grandement. Tout l'enjeu est de savoir planifier vos jours pour vous assurer que vous pouvez répondre aux besoins de tous vos clients sans vous surcharger.

Le manque de connaissances sur les tendances actuelles est un autre défi auquel vous pouvez être confronté. Il est crucial que vous restiez informé et au courant des dernières tendances, ce qui peut prendre beaucoup de temps et d'efforts. C'est ici qu'intervient l'importance d'établir un réseau solide avec d'autres professionnels de la mode. En partageant les informations, vous pouvez rester à jour tout en économisant du temps de recherche.

Et bien sûr, vous ferez face au défi de garder vos clients satisfaits. Il est important de vous rappeler que chaque client est unique, avec ses propres goûts et préférences. Il peut être tentant de proposer ce que vous pensez être le meilleur, mais il est important de toujours prendre en compte les opinions et les desideratas du client. Un client satisfait est un client fidèle, et fidéliser des clients est tout aussi important que d'en acquérir de nouveaux.

En conclusion, chaque défi rencontré en tant que personal shopper est une occasion de faire preuve de créativité et d'innovation. Que ce soit pour comprendre le style d'un client, travailler avec un budget limité, gérer votre temps, rester à jour sur les dernières tendances ou assurer la satisfaction du client, il y a toujours une solution créative pour surmonter les problèmes courants que vous êtes susceptible de rencontrer sur votre chemin pour devenir un personal shopper réussi.

Maintenir la motivation et le dynamisme professionnel

Dans le monde du personal shopping, il est d'une importance vitale de maintenir la motivation et le dynamisme professionnel. Commençons par examiner la motivation. Il faut comprendre que l'excitation d'un nouveau travail ou d'une nouvelle carrière peut s'estomper avec le temps, mais cela ne signifie pas qu'il faut perdre la passion qui a initié votre parcours. Prenez le temps de vous rappeler pourquoi vous avez choisi cette carrière. La clé est de continuer à nourrir cette passion au fond de vous.

Un moyen efficace de maintenir votre motivation est de définir des objectifs clairs et mesurables. Ces objectifs peuvent être hebdomadaires, mensuels ou annuels, peu importe, tant qu'ils sont là pour vous guider. N'oubliez pas qu'il n'y a rien de mal à avoir de grands objectifs, tant que vous établissez des étapes plus petites et plus gérables pour vous y rendre. Atteindre ces petits objectifs vous donnera un sentiment d'accomplissement et de progression, alimentant ainsi votre motivation.

D'un autre côté, le dynamisme professionnel est tout aussi essentiel. Le dynamisme peut être défini comme l'énergie et l'enthousiasme que vous mettez dans votre travail. Dans le domaine du personal shopping, cela est crucial car votre dynamisme se reflète directement sur le client. Un personal shopper dynamique et passionné aura plus de chances d'évoquer la même énergie chez ses clients.

Être à la mode et informé sur les dernières tendances est une part importante du dynamisme dans ce domaine. Investissez du temps chaque jour ou chaque semaine pour rester à jour sur les tendances actuelles. Cela vous aidera non seulement à servir vos clients plus efficacement, mais aussi à maintenir votre enthousiasme pour votre travail.

Néanmoins, le dynamisme professionnel va au-delà de la simple connaissance des tendances en matière de mode. Il englobe également les compétences interpersonnelles, comme la capacité à établir une connexion avec le client et à comprendre ses besoins et ses désirs. Développer ces compétences peut s'avérer être un véritable défi, surtout si vous êtes naturellement introverti. Cependant, ne laissez pas cela vous décourager. N'oubliez pas que la plupart des compétences peuvent être améliorées avec la pratique et la volonté d'apprendre.

En somme, maintenir sa motivation et son dynamisme professionnel dans le monde du personal shopping nécessite un travail considérable mais absolument faisable. N'oubliez pas de vous rappeler régulièrement pourquoi vous avez choisi ce métier et d'aligner ce pourquoi à vos objectifs quotidiens. Restez au fait des dernières tendances mais gardez à l'esprit que le dynamisme est autant une question d'attitude que de connaissance. La clé est de trouver une passion durable qui vous poussera à exceller dans votre carrière, jour après jour.

Chapitre 9
Cas d'étude et témoignages.

Succès stories de Personal Shoppers

Il n'y a pas de meilleure façon de comprendre le métier de personal shopper que par des histoires de réussite. Des individus, animés par une passion pour la mode et le style, qui ont créé leur propre chemin dans cette industrie fascinante.

L'une de ces histoires est celle de Susan. Issue d'une petite ville du Midwest, Susan est déménagée à New York avec un rêve: entrer dans l'industrie de la mode. Au début, elle a lutté, travaillant des emplois mal rémunérés tout en fréquentant des cours du soir en design de mode. Mais d'une façon ou d'une autre, elle parvint à se faire remarquer par un styliste établi, qui a été séduit par son sens du détail et son œil pour la mode. Il lui a donné une chance, et Susan a saisi l'opportunité de devenir personal shopper.

Ensuite, il y a Michael. Ayant travaillé comme directeur artistique pour une grande marque de mode durant plusieurs années, il avait besoin d'un changement. Il aimait toujours l'art et le design, mais la pression et les échéances l'épuisaient. C'est alors qu'il a décidé de tenter sa chance en tant que personal shopper. Il s'est formé et a lentement construit sa base de clients. Aujourd'hui, nombreux sont ses clients qui louent son sens unique du style et sa capacité à comprendre intuitivement ce qu'ils désirent.

Et puis il faut mentionner Lisa. Mère de trois enfants, elle a toujours eu une passion pour la mode, mais elle l'a mise de côté pendant qu'elle élevait sa famille. C'est en embarquant dans la quarantaine qu'elle a décidé qu'il était temps d'explorer sérieusement cette passion. Profitant de son réseau de femmes bien connectées, elle a lancé son entreprise de personal shopping, se spécialisant dans les femmes de sa tranche d'âge qui cherchaient à rafraîchir leur garde-robe. Son succès a commencé par sa propre communauté, et elle a depuis étendu sa clientèle à travers le pays.

Ces histoires sont une source d'inspiration pour quiconque souhaite se lancer dans ce domaine. Chaque personal shopper a eu des échecs, des hésitations, mais ils ont persisté, et à la fin, leur dur labeur a porté ses fruits. Comme ils l'ont montré, il y a plus d'une façon de réussir dans ce domaine dynamique et évoluant constamment. Mais ce qui ressort comme un fil rouge dans toutes ces histoires de réussite, c'est la passion pour la mode et le désir d'aider les autres à se sentir à leur meilleur. Ce sont donc les ingrédients essentiels dont vous avez besoin pour commencer votre propre voyage de succès en tant que personal shopper. Ce voyage ne sera pas facile, mais comme Susan, Michael et Lisa peuvent en témoigner, il en vaut définitivement la peine.

Études de cas de difficultés surmontées

Dans notre exploration du monde du personal shopping, il est essentiel de mettre en lumière certains défis et comment des individus déterminés ont réussi à les surmonter. Narrer ces histoires permet non seulement de comprendre les obstacles potentiels sur le chemin de la carrière d'un personal shopper, mais également de s'informer sur les stratégies et tactiques utilisées par ces individus pour surmonter ces défis.

Prenons le cas de Sarah, une personal shopper accomplie dans le secteur de la mode pour les femmes de plus de 50 ans. Au début de sa carrière, elle a dû surmonter des attitudes stéréotypées envers l'âge et la mode. L'opinion généralisée selon laquelle les vêtements à la mode et tendance sont exclusivement réservés aux jeunes posait un défi majeur pour Sarah. Cependant, au lieu de se laisser décourager, elle a utilisé ce préjugé comme un levier pour se positionner en tant que partisane des femmes mûres et fabuleusement à la mode. Elle a montré à ses clients comment la mode et le style n'ont pas de limite d'âge, brisant les barrières et les attitudes restrictives.

Nous avons ensuite Marc, un personal shopper spécialisé dans le luxe abordable. Marc a dû faire preuve de créativité pour surmonter les attentes élevées de ses clients par rapport à leur budget limité. Il a commencé par construire un réseau solide de contacts dans l'industrie de la mode, parmi les concepteurs émergents, les magasins de vêtements vintage de qualité et les sites d'entrepôt. Puis, il a utilisé ses connaissances approfondies des tendances actuelles de la mode et des styles classiques pour créer des ensembles de mode impeccables pour ses clients tout en respectant leurs restrictions budgétaires.

De son côté, Claire, un personal shopper travaillant à la fois avec des hommes et des femmes, a dû affronter des préjugés sexuels. Beaucoup de ses clients masculins étaient hésitants à admettre qu'ils avaient besoin de ses services, car le shopping est souvent associé aux femmes. Claire a investi dans l'éducation de ses clients, expliquant que les services d'un personal shopper n'ont rien à voir avec le genre et peuvent aider quiconque cherche à améliorer son style et à gagner du temps.

Enfin, nous avons Cedric, un personal shopper indépendant. L'une de ses plus grandes difficultés était la concurrence des grands magasins qui proposent également des services de personal shopping. Il a réussi à surmonter cet obstacle en capitalisant sur son individualité et en proposant des services plus personnalisés et authentiques, ce que les grands magasins ne peuvent pas reproduire à cause de leur taille et de leur volume de clientèle.

Ce ne sont là que quelques exemples représentatifs des nombreux défis auxquels les personal shoppers peuvent être confrontés et de la manière dont ils peuvent les surmonter. Il y a toujours une solution à chaque problème, et cela est clairement illustré à travers ces études de cas.

Ces histoires inspirent non seulement ceux qui envisagent de devenir personal shopper, mais elles inculquent également une leçon aux lecteurs sur la façon de transformer les difficultés en opportunités pour leur propre bénéfice.

Conseils d'experts et leçons apprises

Dans ce domaine émergent et passionnant du personal shopping, l'acquisition de conseils d'experts et la compréhension des leçons apprises par ceux qui ont tracé le chemin avant vous sont inestimables. Vous devez être conscient que le succès ne vient pas instantanément; au lieu de cela, il nécessite passion, dévouement et une compréhension claire des besoins de vos clients.

Un personal shopper accompli, Jane Austen (le nom a été changé pour des raisons de confidentialité), commence par dire qu'il est crucial de bien comprendre votre client avant de pouvoir vraiment personnaliser l'expérience de shopping pour lui. Elle a appris que faire des suppositions peut conduire à des erreurs coûteuses et à l'insatisfaction du client. En règle générale, il est préférable de poser trop de questions que pas assez pour comprendre vraiment les préférences du client.

Un autre conseil précieux qu'offre Jane est de toujours être honnête et transparent avec vos clients. Les clients apprécieront votre sincérité et cela établira une relation de confiance, ce qui est crucial dans ce secteur orienté vers le service.

Il se peut que vous ayez l'impression de ne pas progresser aussi rapidement que vous le souhaitez, surtout au début. L'expert en personal shopping Thomas Jefferson (le nom a été changé pour des raisons de confidentialité) peut attester de cela. Il a travaillé pendant des années pour se forger une réputation dans le milieu. Avoir un réseau solide est une voie sûre vers le succès, conseille-t-il : savoir qui fait quoi, connaître les bons magasins, connaître les bonnes marques et les bonnes personnes peuvent grandement contribuer à satisfaire vos clients.

De plus, Thomas souligne l'importance de rester au courant des dernières tendances de la mode. C'est une industrie en constante évolution, et vous ne pouvez pas vous permettre de vous laisser distancer. Sur cela, il conseille de surveiller constamment les défilés de mode, les blogs de mode et les magazines, et d'aller régulièrement dans les magasins pour connaître les dernières collections.

Enfin, beaucoup de personal shoppers ont appris à l'ancienne, par essais et erreurs. N'ayez pas peur de faire des erreurs, conseille Jane. Apprendre de ses erreurs et s'adapter est la clef pour devenir un personal shopper réussi.

En conclusion, le personal shopping exige une touche personnelle, de l'empathie, une bonne connaissance du client, l'honnêteté, un vaste réseau et un doigt sur le pouls de l'industrie de la mode. Ces conseils d'experts et ces leçons apprises vous serviront non seulement de guide, mais devraient également vous inspirer et vous motiver à vous frayer un chemin dans ce secteur passionnant.

Impact du métier sur la vie personnelle

Le métier de personal shopper peut avoir un impact considérable sur votre vie personnelle. C'est un rôle qui exige de fortes capacités interpersonnelles, beaucoup de temps et une passion sincère pour la mode et le shopping. Il est également essentiel de comprendre que votre vie personnelle peut être modifiée de plusieurs façons différentes lorsqu'on exerce cette carrière.

Avant tout, le métier de personal shopper est loin d'être un emploi de bureau de 9 à 5. Vous travaillez souvent sur des horaires flexibles, adaptés aux besoins de vos clients. Cela peut signifier que vous pouvez être amené à faire des achats tard le soir ou tôt le matin, et probablement aussi le week-end. Ce rythme de travail irrégulier peut avoir un impact sur votre vie sociale, car vous pouvez manquer de temps libre pour vous détendre ou passer du temps avec vos amis et votre famille.

De même, la nature du travail peut impliquer un certain niveau de stress. Vous devez constamment être à la hauteur des attentes de vos clients, qui peuvent être très élevées. En outre, le fait de devoir constamment rester au fait des dernières tendances de la mode et des nouveautés dans l'industrie peut ajouter une pression supplémentaire.

Cependant, s'il y a une chose que tous les personal

shoppers s'accordent à dire, c'est que la satisfaction qu'ils tirent de leur travail compense largement ces inconvénients. Aider un client à se sentir bien dans sa peau, à gagner en confiance en soi et à être heureux de son apparence peut être incroyablement gratifiant. Et même s'il peut être stressant, il y a aussi beaucoup de plaisir à avoir dans ce travail - après tout, vous avez une excuse pour faire du shopping comme partie de votre travail !

Il convient également de noter que le métier de personal shopper peut vous offrir une certaine liberté et indépendance. Contrairement à de nombreux emplois, vous avez souvent la possibilité de choisir vos clients et de décider quand vous voulez travailler. Cela peut vous donner un certain contrôle sur votre travail qui peut être très apprécié.

En fin de compte, comme pour toute carrière, le métier de personal shopper présente à la fois des défis et des récompenses en termes d'impact sur votre vie personnelle. Il est important de peser soigneusement ces facteurs avant de se lancer dans ce domaine. Mais pour ceux qui ont une passion pour la mode et qui aiment travailler avec des gens, les avantages peuvent bien l'emporter sur les inconvénients. Après tout, combien de carrières vous permettent de faire du shopping, de transformer positivement la vie des gens et de vous réjouir de leur bonheur tout en gagnant votre vie ?

Chapitre 10
Planification de carrière et développement futur.

Évaluer et planifier sa carrière à long terme

Devenir un personal shopper prospère ne se fera pas du jour au lendemain, c'est un objectif à long terme qui nécessite un dévouement persistant et une planification stratégique. Pour évaluer et planifier sa carrière à long terme, vous devez d'abord déterminer où vous en êtes actuellement. Vos objectifs de carrière devraient être modelés par votre plaisir et votre passion. Le métier de personal shopper convient-il à vos intérêts, à vos talents et à votre personnalité? Si ce n'est pas encore le cas, vous pourriez vouloir chercher des façons de cultiver davantage l'intérêt pour ce domaine. Par exemple, en suivant des ateliers ou en travaillant avec d'autres personal shoppers plus expérimentés.

Il est tout aussi important d'évaluer vos compétences actuelles. Qu'avez-vous maîtrisé et qu'est-ce qui doit être amélioré? Les compétences de communication, le sens de la mode, l'organisation du travail sont quelques compétences essentielles pour un personal shopper. Trouvez des moyens de renforcer ces compétences, que ce soit par l'expérience professionnelle, l'éducation ou l'auto-apprentissage.

Ensuite, vous devez définir vos objectifs à court et long terme. Les objectifs à court terme peuvent inclure des choses comme l'obtention d'un certain niveau d'expérience, l'acquisition de clients ou l'augmentation de vos connaissances sur la mode et les tendances actuelles. Les objectifs à long terme peuvent inclure des réalisations comme la création de votre propre entreprise de personal shopping, l'élargissement de votre clientèle ou le travail avec des clients de renom.

L'établissement d'objectifs est certes important, mais se créer des plans d'action pour atteindre ces objectifs est tout aussi essentiel. Pour chaque objectif, créez un plan détaillé qui établit les étapes à suivre pour l'atteindre. Cela implique généralement des recherches, de la formation, du réseautage et d'autres formes de développement professionnel.

Il peut être utile de solliciter le conseil de personal shoppers plus expérimentés ou de professionnels d'autres domaines connexes à la mode. Ils peuvent offrir des perspectives précieuses et des conseils basés sur leur propre expérience et succès. De plus, le networking peut conduire à des opportunités futures, à la fois en termes d'emploi et de clientèle.

Ensuite, il est essentiel d'opérer régulièrement une évaluation de votre progression. Il est important de se réconcilier avec le fait que l'atteinte des objectifs prend du temps. Toutefois, cela ne signifie pas que vous ne devriez pas suivre et évaluer vos progrès. L'auto-évaluation fréquente permet de voir ce qui fonctionne, ce qui ne fonctionne pas, et où il y a matière à amélioration.

Enfin, faire preuve de résilience est essentiel pour une carrière de longue durée comme personal shopper. Vous devrez peut-être surmonter des difficultés, comme la concurrence intense ou les écarts de revenus. Il est important de rester optimiste et motivé quoiqu'il arrive pour pouvoir poursuivre vos objectifs à long terme.

Il est important de commencer par évaluer votre situation actuelle et votre niveau de passion pour le domaine avant d'établir des objectifs de carrière à court et à long terme. Élaborez des stratégies pour atteindre ces objectifs, en gardant toujours à l'esprit l'idée que la réussite requiert du temps et de l'effort. Et n'oubliez pas que la clé pour survivre et prospérer en tant que personal shopper est la résilience face aux défis. Avec de l'ambition, de la patience et de l'application, une carrière couronnée de succès en tant que personal shopper est tout à fait à votre portée.

Continuer l'éducation et le développement professionnel

Dès lors que vous avez fait le choix d'embrasser la carrière de personal shopper, la première étape concrète est bien sûr la formation initiale. Mais il est vital de comprendre que l'éducation dans ce domaine ne s'arrête pas une fois le diplôme en poche. Au contraire, l'éducation et le développement professionnel sont des éléments clé afin de rester au sommet de votre art et ce, tout au long de votre carrière. Dans ce secteur en perpétuelle évolution, une veille constante à la pointe des tendances est une nécessité non négligeable.

Le personal shopper est constamment sollicité pour apporter son expertise en matière de goût, de style et de tendances. Afin de maintenir cette expertise, il convient d'intégrer une routine d'apprentissage et de perfectionnement régulier. Cette routine peut comprendre la participation à des ateliers, des stages, des conférences et des séminaires axés sur la mode et le stylisme. Cela peut également impliquer l'étude de magazines de mode, de blogs influents et de médias sociaux pour rester à jour sur les tendances actuelles et futures.

En plus de se tenir au courant des tendances, le personal shopper doit également chercher à développer et à affiner en continu ses compétences en matière de service à la clientèle et de communication. De bonnes compétences en relations humaines sont essentielles dans ce métier puisqu'il nécessite une interaction constante avec les clients, les vendeurs et autres professionnels de la mode. La capacité à bien communiquer et à établir des relations de confiance avec les clients peut grandement influencer la réussite de votre carrière. Des cours de communication, de gestion de la relation client, voire de psychologie peuvent se révéler extrêmement bénéfiques.

Poursuivre son éducation et son développement

professionnel c'est également développer une expertise dans des domaines connexes à celui du personal shopping. Cela peut inclure la connaissance des tissus, la compréhension des différentes coupes et silhouettes, l'apprentissage de techniques de couture et même une formation en histoire de la mode. Une telle expertise sera non seulement bénéfique pour votre carrière en tant que personal shopper, mais elle vous distinguera également de vos pairs.

Pour finir, n'oublions pas que le développement professionnel, c'est aussi augmenter votre visibilité et élargir votre réseau professionnel. Adhérer à des associations professionnelles, participer à des événements de réseautage et publier vos travaux (par exemple, avant / après relooking, conseils de style, etc.) sur les plateformes en ligne peuvent contribuer à améliorer votre réputation, à établir votre marque personnelle et à élargir votre clientèle.

En résumé, la réussite en tant que personal shopper implique plus que de simples achats. Il s'agit d'un métier qui exige une formation constante et un développement professionnel ininterrompu.

Conscient de cela, vous devez vous engager à être un apprenant à vie, toujours à la recherche de nouvelles connaissances et de nouvelles compétences pour améliorer votre expertise et, par conséquent, la satisfaction de vos clients.

Opportunités de diversification des services

Une des nombreuses opportunités que vous avez en tant que personal shopper est de diversifier vos services. Cela signifie que vous pouvez offrir plus que simplement choisir et acheter des vêtements pour vos clients. En effet, le marché évolue et les attentes des clients se diversifient, ce qui offre un champ d'opportunités pour élargir vos services.

Pensez à la garde-robe de vos clients. Combien d'entre eux ont des vêtements qui ne vont plus et ne sont pas sûrs de ce qu'ils doivent faire ? En tant que personal shopper, vous pouvez ajouter un service de révision de la garde-robe à votre offre. Ce service consiste à analyser l'ensemble des vêtements de vos clients, à identifier ceux qui ne sont plus à la mode, qui ne vont plus à leur morphologie actuelle ou qui sont endommagés, afin de les aider à faire le tri. Cela peut aussi inclure le conseil en recyclage des vêtements qui peuvent être retravaillés pour leur donner une seconde vie.

Ensuite, n'oubliez pas que les tendances de la mode et du style ne se limitent pas seulement à l'habillement, mais s'étendent aux accessoires, à la coiffure, au maquillage et même à l'aménagement intérieur. Proposer des conseils en matière de style de vie global peut vous distinguer des autres personal shoppers. Vous pourriez vous associer à des coiffeurs, des maquilleurs ou des décorateurs d'intérieur pour offrir un service plus complet à vos clients.

Dans le même esprit, vous pourriez aussi développer une expertise en matière de style pour des occasions spécifiques. Imaginez un client qui a besoin de quelqu'un pour l'aider à planifier sa tenue, sa coiffure et son maquillage pour un mariage ou un autre événement important. Ce genre de service spécialisé peut être très attractif.

Un autre aspect de la diversification de vos services pourrait être d'incorporer une dimension digitale. Beaucoup de personnes cherchent à améliorer leur image en ligne, que ce soit sur leurs profils de rencontres, leurs comptes de réseaux sociaux ou leur site personnel. Vous pourriez proposer des consultations de style en ligne, où vous aidez les clients à créer une garde-robe virtuelle, ou à choisir des tenues pour leurs photos en ligne.

En somme, la clé de la diversification de vos services est de rester à l'écoute des besoins et des désirs de vos clients, de respecter votre propre style et d'être prêt à évoluer avec le monde de la mode. En vous diversifiant, vous augmentez non seulement votre potentiel d'attraction pour de nouveaux clients, mais aussi votre potentiel de rétention, car vos clients existants viendront à vous pour plus de services.

Perspectives globales et internationalisation du métier

À l'heure de la mondialisation et de la digitalisation des modes de consommation, le métier de personal shopper est indéniablement en pleine expansion. On ne peut nier que, bien que ce métier soit d'origine occidentale, il est de plus en plus sollicité dans des régions du monde de plus en plus diverses.

La majorité des personal shoppers professionnels exercent aujourd'hui dans les métropoles mondiales, où le luxe et la mode sont intégrés dans le quotidien de nombreux citoyens. Cependant, il convient de noter que la popularité de ce service est en train de se répandre chez des populations qui, jusqu'à récemment, n'avaient peut-être pas envisagé cette option. Par exemple, dans des pays comme la Chine et l'Inde où les classes moyennes et supérieures connaissent une croissance rapide, les personal shoppers trouvent une nouvelle clientèle avide de leurs services.

Il est important de comprendre que les personal shoppers ne se limitent pas à une région géographique spécifique, mais plutôt à une classe socio-économique. La mondialisation a rendu le monde plus petit, et la demande de services personnalisés de shopping peut provenir de n'importe quel coin du globe. Le métier de personal shopper a donc des perspectives internationales plus que prometteuses.

Parallèlement, l'essor des technologies numériques a également un impact significatif. Avec l'apparition de plateformes de vente en ligne et de marché mondial, le personal shopper n'est plus limité par la proximité physique. Il peut être basé n'importe où dans le monde et travailler avec des clients n'importe où, ce qui ajoute une dimension supplémentaire à l'internationalisation du métier. L'utilisation croissante des réseaux sociaux et des blogs a également donné naissance à une nouvelle forme de personal shopper "en ligne", qui peut partager ses idées et son expertise avec un public mondial.

Dans cette perspective, l'avenir du personal shopper ne se limite pas seulement à l'internationalisation de son métier en termes de localisation géographique. Il s'agit aussi de s'adapter au monde numérique, dont l'influence sur la consommation ne cesse de croître. Et avec l'émergence de nouvelles tendances et préférences des consommateurs, il est essentiel que les personal shoppers restent à jour et élargissent constamment leur connaissance et leur expertise.

Mais malgré ces changements, l'aspect le plus important du métier reste le même : la capacité à comprendre les désirs uniques de chaque client et à fournir un service personnalisé qui transcende les barrières culturelles et géographiques. C'est en conservant ce principe fondamental que les personal shoppers pourront continuer à s'épanouir dans ce paysage international en constante évolution.

www.ingramcontent.com/pod-product-compliance
Lightning Source LLC
Chambersburg PA
CBHW070249230526
45470CB00002B/532